초등 선생님이 뽑은
남다른 고사성어

초등 선생님이 뽑은 남다른 고사성어

지은이 박수미·강민경
그린이 문구선·조윤이·김정숙·윤유리
펴낸이 정규도
펴낸곳 (주)다락원

초판 1쇄 발행 2013년 12월 23일
10쇄 발행 2024년 1월 24일

편집총괄 최운선
책임편집 김지혜
디자인 하태호, 이승현

다락원 경기도 파주시 문발로 211
내용문의: (02)736-2031 내선 272
구입문의: (02)736-2031 내선 250~252
Fax: (02)732-2037
출판등록 1977년 9월 16일 제406-2008-000007호

Copyright ⓒ 2013, 박수미·강민경
저자 및 출판사의 허락 없이 이 책의 일부 또는 전부를 무단 복제·전재·발췌할 수 없습니다. 구입 후 철회는 회사 내규에 부합하는 경우에 가능하므로 구입문의처에 문의하시기 바랍니다. 분실·파손 등에 따른 소비자 피해에 대해서는 공정 거래위원회에서 고시한 소비자 분쟁 해결 기준에 따라 보상 가능합니다. 잘못된 책은 바꿔 드립니다.

ISBN 978-89-277-4611-9 73710

http://www.darakwon.co.kr
다락원 홈페이지를 통해 인터넷 주문을 하시면 자세한 정보와 함께 다양한 혜택을 받으실 수 있습니다

초등 선생님이 뽑은 남다른 고사성어

박수미 · 강민경 지음
문구선 · 조윤이 · 김정숙 · 윤유리 그림

술술 이야기를 읽다 보면
고사성어가 머리에 쏙쏙! 어휘력이 쑥쑥!

다락원

이야기로 만나는
고사성어

"우리 모두 관포지교와 지음 같은 우정을 쌓기로 해요."
"선생님, 관포지교가 뭐예요? 지음은 또 뭐고요?"

아이들의 폭풍 질문에 교단에 선 저는 얼른 대답하지 못했어요. 무심코 쓰는 말인데, 설명을 하려니 등줄기에서 진땀이 주르륵. 어디서부터 어떻게 이야기를 해 주어야 할지 막막했거든요. 이 책은 그런 고민에서부터 시작했어요. '우리 아이들이 알아듣지 못하는 고사성어를 알기 쉽게 알려 주고 싶다!' 아무래도 자존심 때문에 차마 묻지 못하고 그냥 고개를 끄덕이는 친구들도 있을 것 같았거든요.

이 책을 쓰면서 가장 많이 고민했던 부분은 두 가지였어요.
'쉽고 재미있게!', '이해해서 사용할 수 있게!'

고사성어(故事成語)는 '옛날에 있었던 이야기에서 유래하여 생긴 말'이에요. 옛날, 그것도 아주 오래 전 중국에서 있었던 이야기가 대부분이라 읽어 봐도 도대체 모르겠다 싶은 것들이 많았을 거예요. 알 듯 말 듯 어려운 말들은 어린이의 눈높이에 맞춰 쉬운 말로 고치고, 꼭 알아야 할 것들만 쏙쏙 추려 내었답니다. 재미있는 이야기는 그대로 살리면서 동화를 읽듯 한 번에 쭉! 그래야 친구들이 쉽고 재미있게 고사성어의 말뜻을 이해할 수 있을 테니까요.

제아무리 많은 고사성어를 알아도 사용할 줄 모른다면 그림의 떡일 뿐이죠? 그래서 '이렇게 사용하면 일취월장', '이것까지 알면 금상첨화' 코너를 통해 당장이라도 따라 사용할 수 있도록 했어요. 이해를 돕기 위해 고사성어와 관련된 생활 속 재밌는 상황도 만화로 표현해 보았고요.

고사성어를 '공부'로 만나서 외우고 반복해서 쓰기만 하면 너무 따분하고 지루하죠. 하지만 재미있는 이야기와 함께 "아! 그래서 이런 고사성어가 생겼구나!"라고 알게 되면 저절로 고사성어에 입이 트이고 어휘력도 일취월장할 거예요.

마지막으로 이 책이 나오기까지 열정을 다해 주신 편집자 김지혜 님과 책을 쓸 수 있게 모든 여건을 마련해 준 사랑하는 남편에게 고마운 마음을 전합니다. 무엇보다 고사성어를 읽으며 꿈에 다가갈 어린 친구들이 제일 고맙습니다.

2013년 겨울의 문턱에서 글쓴이를 대표하며   박 수 미

아름다운 노력의 가치

대기만성 大器晩成 - 큰일을 이루려고 조금 늦을 뿐이야 * 10
마부작침 磨斧作針 - 도끼가 바늘이 되는 그날까지 * 16
우공이산 愚公移山 - 거대한 산을 옮긴 노인의 노력 * 22
형설지공 螢雪之功 - 어떤 어려움도 이겨낼 거야 * 28
화룡점정 畫龍點睛 - 하늘로 날아간 그림 속의 용 * 34

세상을 이끄는 리더의 자세

군계일학 群鷄一鶴 - 닭 무리 속에 한 마리 학 * 42
낭중지추 囊中之錐 - 뛰어나면 저절로 드러나는 법 * 48
백문불여일견 百聞不如一見 - 직접 눈으로 보는 것이 제일 * 54
백미 白眉 - 흰 눈썹이 최고야 * 60
삼고초려 三顧草廬 - 오두막집을 찾아간 유비 * 66
좌우명 座右銘 - 가득 차면 엎어지는 요술 술독 * 72
천리안 千里眼 - 멀리까지 다 보여 * 78

소중한 가족과 친구

결초보은 結草報恩 - 죽어서도 은혜를 갚으리다 * 86
관포지교 管鮑之交 - 나를 진정으로 알아주는 친구 * 92
단장 斷腸 - 어미 원숭이의 애끊는 사랑 * 98
도원결의 桃園結義 - 믿음을 나눈 의형제 * 104
맹모삼천 孟母三遷 - 맹자 어머니의 가르침 * 110
지음 知音 - 소리만 들어도 마음이 통하는 사이 * 116

생활 속에서 얻은 깨달음

각주구검 刻舟求劍 – 강물에 빠뜨린 칼 * 124
기우 杞憂 – 이래도 걱정 저래도 걱정 * 130
모순 矛盾 – 도무지 앞뒤가 안 맞는 소리 * 136
사족 蛇足 – 뱀에 다리를 그리다 * 142
새옹지마 塞翁之馬 – 복이 될지 화가 될지 * 148
어부지리 漁父之利 – 어부만 좋은 일 * 154
조삼모사 朝三暮四 – 알고 보면 마찬가지 * 160

상황에 대처하는 지혜와 자세

개과천선 改過遷善 – 새 사람이 된 주처 * 168
교토삼굴 狡兔三窟 – 맹상군의 첫 번째 굴 * 174
완벽 完璧 – 옥구슬을 온전하게 지키다 * 180
일거양득 一擧兩得 – 한꺼번에 호랑이 두 마리를 잡다 * 186
환골탈태 換骨奪胎 – 신선으로 거듭 태어난 왕자 * 192

부록

고사성어 카드 게임 활용법
고사성어 게임 보드
고사성어 카드
어휘력 잡는 한자 성어

아름다운 노력의 가치

대기만성 * 大器晚成
마부작침 * 磨斧作針
우공이산 * 愚公移山
형설지공 * 螢雪之功
화룡점정 * 畫龍點睛

대大기器만晚성成

큰일을 이루려고 조금 늦을 뿐이야

해가 뜰 무렵, 최염 장군의 집에 문턱이 닳도록 사람들이 모여들기 시작했어요.

"내 생전에 이 집에 이렇게 많은 사람이 모인 건 처음 보네."

"누가 아니라나, 벼슬이 좋기는 좋은 모양이야. 최염 서방님이 높은 장군이 되었다 하니 너도나도 인사하겠다고 이렇게 난리들이니."

눈코 뜰 새 없이 바쁜 와중에도 아낙들의 수다는 끝이 없었어요. 지나가던 최염의 귀에도 이야기가 들렸지만 모르는 척 지나쳤어요. 얼마 전 조조의 부름을 받아 관직을 받고 돌아온 후부터 갑자기 많은 사람이 모여들기 시작한 것은 사실이니까요.

아버지의 부름을 받고 들어선 사랑채에는 집안 어른 몇몇 분도 함께 계셨어요.

"염아, 저녁에 집안 어르신들이 모두 모인다고 하는구나. 림이네 집에서 모인다니 함께 가자꾸나."

"예, 아버님."

최염은 오랜만에 사촌 동생인 최림을 만날 생각에 기분이 좋아졌어요. 최염과 최림은 어려서부터 친형제보다 더 가깝게 지내는 사이였거든요.

저녁이 되자 친척들이 모두 한자리에 모였어요. 최염도 최림 옆에 앉아 오랜만에 즐거운 이야기를 나눴어요.

그때, 최씨 집안의 가장 큰 어른이 입을 열었어요.

"나는 염이가 큰 인물이 될 줄 벌써부터 알았지. 공부며 무예 솜씨며 어려서부터 남달랐으니까."

"맞습니다. 이제 장군도 되고 했으니 우리 집안을 더 크게 일으키겠지요? 하하!"

어른들은 하나같이 최염을 칭찬하기에 바빴어요.

"그런데 최림 자네는 아직도 공부 중이라고?"

"네. 아직……."

최림이 머쓱해하며 머리를 긁적였어요.

"그 나이가 되도록 벼슬길 문턱에도 못 가고 있으니 앞으로 어쩌려는지……. 쯧쯧."

"공부가 안되면 무예라도 뛰어나든지. 이것도 저것도 안 되니, 원."

친척 어른들이 마땅치 않은 표정으로 최림을 쳐다봤어요. 잠시 어색한 침묵이 흐르자 최림은 자리를 피해 밖으로 나갔어요. 최염은 마음이 불편했어요.

"어르신, 옛말에 큰 그릇은 늦게 이루어지는 법이라고 했습니다. 림이도 크게 될 사람이라 조금 늦어지는 것이니 걱정하지 마십시오."

최염은 공손하지만 단호하게 말했어요. 그러고는 최림을 따라 밖으로 나왔어요. 달빛이 뜰 안으로 들어와 두 사람의 그림자를 만들고 있었어요. 최염은 최림의 두 손을 꼭 잡았어요.

"동생, 큰 종이나 큰 솥이 어디 하루아침에 만들어지겠나? 그러니 너무 조급해 하지 말게."

"예, 형님. 뜻을 이룰 때까지 끝까지 포기하지 않고 열심히 노력하겠습니다."

최림은 최염의 진심 어린 위로가 고마웠어요.

다음날, 최림은 마음을 다잡고 책상 앞에 앉았어요.

"그래! 나는 더 크게 되기 위해 준비하는 것이다."

최림은 주문이라도 걸듯 큰소리로 외쳤어요. 그날부터 더욱 열심히 공부한 최림은 마침내 관직에 나아가게 되었어요. 그리고 곧 황제를 가장 가까운 곳에서 보좌하는 삼공 중의 한 사람이 되었지요.

여기 나오는 최림처럼, 시일이 걸리더라도 끊임없이 노력해서 큰 성공을 거두는 것을 '대기만성'이라고 한답니다.

大器晚成
큰 대　그릇 기　늦을 만　이룰 성

큰(大) 그릇(器)은 늦게(晚) 이루어진다(成)

크게 될 사람은 늦게라도 꼭 성공한다는 뜻이에요. 급하게 서두르지 않고 묵묵히 노력한다면 늦게라도 뜻을 이룰 수 있으니 포기하지 마세요.

- 고생 끝에 낙이 온다고 넌 분명 대기만성할 거야.
- 포기하지 않고 노력하는 자세는 대기만성한 사람들의 특징이지.
- 올해의 투수 상을 받은 선수는 오랜 시간 힘든 훈련을 견뎌낸 대기만성형 선수야.
- 실패했다고 포기하지 마. 지금 당장은 안되더라도 열심히 노력하면 언젠가는 꼭 대기만성할 거야.

비 **대재만성**(大才晚成: 大 큰 대, 才 재주 재, 晚 늦을 만, 成 이룰 성)
큰 재주를 가진 사람은 늦게 이루어진다는 뜻이에요. 늦은 나이에 성공한 사람을 만나면 "대재만성이라더니 이제야 세상이 큰 인물을 알아보는군요."라고 말해 보세요.

조숙조로(早熟早老: 早 이를 조, 熟 익을 숙, 早 이를 조, 老 늙을 로)
일찍 익으면 일찍 늙는다는 말로 빨리 이루어진 것은 빨리 사그라지기 때문에 쉽게 교만해지는 것을 경계한 성어죠.

속 **개구리 주저앉은 뜻은 멀리 뛰자는 뜻이다**
아무리 급하더라도 큰일을 이루기 위해서는 준비할 시간이 필요하다는 뜻이에요. 대기만성형 인물이 되기 위해서는 자신을 갈고닦는 꾸준한 준비가 필요하겠죠?

히히깔깔 대기만성

손으로 쓰면서 화룡점정!

大 器 晚 成

마磨부斧작作침針
도끼가 바늘이 되는 그날까지

"이백아! 이백이 이놈 어디 있느냐?"

이백의 아버지가 대문을 들어서며 불호령을 내렸어요.

"영감, 무슨 일이십니까? 백이는 아까 서당에 가지 않았습니까?"

"내가 지금 서당에서 오는 길인데 이 녀석이 벌써 삼 일째 서당에는 얼씬도 하지 않았다고 하오!"

"예? 아이고, 이 녀석이 또."

이백의 어머니는 땅이 꺼져라 한숨을 쉬며 주저앉았어요.

"지난번 서당에서도 말썽만 피워 쫓겨나더니 이번에는 또 무슨 일이람."

부부는 아들 이백 때문에 걱정이 이만저만 아니었어요. 그런 사정도 모르고 이백은 늦은 밤이 되어서야 집에 돌아왔어요. 친구들과 신나게 놀다가 늦었던 거예요.

"방으로 들어오너라."

부모님의 부름을 받고 안방에 들어온 이백은 뭔가 심상치 않은 분위기를 느꼈어요.

"서당에는 왜 안 갔느냐?"

"그것이……. 공부는 지루하고 재미가 없습니다. 그러니 서당에도 가기 싫습니다."

이백은 아버지께 변명하기보다 솔직한 마음을 말씀드렸어요. 하지만 그 말이 아버지를 더 화나게 하였어요.

"끝까지 해 보기나 하고 그런 말을 하느냐? 내일 당장 짐을 싸서 상의산으로 가거라. 거기서 공부를 다 마칠 때까지 내려오지 마라!"

다음 날 아침, 이백은 쫓겨나듯 상의산으로 가게 되었어요. 그리고 며칠 동안은 조용히 공부에 집중하는 듯 보였어요. 하지만 이내 숲에서 냇가에서 노는 것이 더 즐거워졌어요.

"친구들이 있으면 재미있을 텐데……. 옳지, 잠시 내려가서 친구들을 데려와야겠다."

이백은 당장 친구들을 부르러 가기로 마음먹었어요. 그렇게 산에서 거의 다 내려왔을 무렵, 웬 할머니가 물가에서 도끼를 갈고 있는 것이 보였어요.

"할머니, 도끼날을 세우려면 날카로운 쪽만 갈아야죠. 이렇게 다 눕혀서 갈면 어떡해요?"

이백이 할머니를 도와 드리려고 나섰어요.

"아니야. 이렇게 다 갈아야 해. 그래야 바늘을 만들지."

"네? 도끼를 갈아서 바늘을 만드신다고요? 으하하! 농담이시죠?"

이백은 할머니의 엉뚱한 소리에 배꼽이 빠져라 웃었어요. 하지만 할머니는 진지하게 말했어요.

"농담이라니. 이렇게 계속 갈다 보면 언젠가는 도끼도 바늘이 되지 않겠니?"

그러면서 한마디 덧붙였어요.

"시간이 오래 걸리면 어떠냐? 중간에 포기하지만 않으면 도끼로 바늘을 만들고말고, 암~."

이백은 웃음을 뚝 그쳤어요. 혼잣말처럼 중얼거린 할머니의 마지막 한마디가 이백의 머리를 꽝 하고 울리는 듯했어요.

이백은 그 길로 다시 산으로 올라갔어요. 그리고는 할머니의 말을 가슴 깊이 새기며 포기하지 않고 열심히 공부했지요. 마침내 이백은 중국에서 가장 유명한 시인이 되었어요.

이렇듯 도끼를 갈아 바늘을 만들 정도로 끊임없이 노력해서 성공하는 것을 두고 '마부작침'이라고 한답니다.

磨 斧 作 針
갈 마   도끼 부   만들 작   바늘 침

도끼^斧를 갈아^磨 바늘^針을 만들다^作

끊임없이 노력하면 성공을 거둘 수 있다는 뜻이에요. 몇 번 시도해 보고 안 된다고 바로 포기하지 마세요. 성공은 쉽게 얻어지는 것이 아니랍니다.

- 일단 시작했으면 마부작침의 정신으로 반드시 성공하자!
- 포기하지 않고 계속 노력하면 마부작침의 결과가 있을 거야.
- 그 사람은 양손이 불편했지만 마부작침의 노력을 기울여 양발 피아노 연주자가 되었어.
- 라이트 형제는 여러 번 실패했지만 마부작침의 마음으로 끊임없이 도전하여 마침내 비행기를 만들었어.

반 **무위도식**(無爲徒食: 無 없을 무, 爲 할 위, 徒 헛되이 도, 食 먹을 식)
아무 하는 일 없이 먹고 놀기만 하는 것을 뜻해요. 마부작침의 정신으로 노력하는 사람과 무위도식하는 사람, 정반대의 의미죠?

속 **낙숫물이 댓돌을 뚫는다**
무슨 일이든지 끈기를 가지고 계속하다 보면 성공한다는 뜻이에요. 수적천석(水滴穿石)이라는 고사성어가 있는데 같은 뜻이죠.

열 번 찍어 안 넘어가는 나무 없다
여러 번 노력하면 결국 뜻을 이루게 된다는 속담이에요.

동 **마부위침**(磨斧爲針), **마저작침**(磨杵作針), **철저마침**(鐵杵磨針)
책을 찾아봤는데 마부작침이 없다고요? 그렇다면 위의 고사성어를 찾아보세요. 같은 이야기에서 유래한 같은 뜻의 고사성어랍니다.

磨 斧 作 針

우愚공公이移산山

거대한 산을 옮긴 노인의 노력

우공 노인은 저녁 내내 안마당을 서성였어요. 행여 멀리서 발걸음 소리만 들려도 대문까지 뛰어나가 어두운 골목을 한참 들여다봤어요.

"아버님, 저녁 공기가 찹니다. 막내 걱정은 마시고 이제 그만 들어가 쉬세요."

큰아들이 우공 노인을 설득하는데도 우공 노인은 고집을 부렸어요.

"이번에는 유난히 오래 걸리는구나. 벌써 한 달째 아니냐?"

"태항산이 워낙 높지 않습니까? 왕옥산을 돌아오는 길도 험하고."

태항산과 왕옥산은 산세가 험하고 신령스러워 마을 사람들이 산신제를 지내며 모시는 산이었어요. 하지만 이 두 산 때문에 길이 막혀 있어 다른 마을을 오가는 것이 영 불편했지요. 우공 노인은 오늘따라 마을 앞에 떡 버티고 서 있는 두 산이 원망스러웠어요.

며칠 후, 다행히 막내가 무사히 돌아왔어요. 가족들은 모두 기뻐하

며 안심했지만, 오직 우공 노인만 심각한 얼굴이었어요. 한참을 말이 없던 우공 노인이 무언가 결심한 듯 입을 열었어요.

"얘들아, 아무래도 저 두 산을 평평하게 깎아 길을 내야겠다."

"네?"

모두 눈이 휘둥그레졌어요.

"산을 깎아 없애고 곧장 길을 내고 싶은데 너희 생각은 어떠냐?"

아들들은 서로 얼굴만 쳐다볼 뿐 아무 말도 못 했어요.

그때, 평소 과묵하고 효심이 깊은 큰아들이 듬직하게 말했어요.

"아버님의 뜻에 따르겠습니다. 흙과 돌은 제가 지게에 지고 발해 바다에 갖다 버리겠습니다."

"저도 형님과 함께 아버님을 돕겠습니다."

어느새 가족들은 모두 우공 노인의 편이 되어 주었어요.

그날부터 우공 노인은 돌을 깨고 흙을 파서 옮기기 시작했어요. 그런 우공 노인을 마을 사람들은 어리석다고 손가락질하며 비웃었어요.

"이보게, 우공! 자네 가족이 산을 옮긴다면서? 자네 생전에 산이 없어지긴 하는 건가?"

하지만 우공 노인은 그때마다 싱긋이 웃으며 이렇게 대답했어요.

"내 생전에 못하면 아들이 할 것이고 아들이 못하면 손자가 대를 이어 하면 되지 않겠나? 어차피 산은 불어나는 것이 아니니 언젠가는 없어지겠지. 안 그런가? 허허."

사람들은 우공 노인의 씩씩한 기운에 할 말을 잃었어요.

그런데 이런 우공 노인 때문에 두 산의 산신령은 골치가 아팠어요.

이러다가는 진짜 산이 없어질 것 같았거든요. 산신령들은 옥황상제를 찾아갔어요.

"옥황상제님! 어리석은 저 우공 좀 말려 주십시오."

"허허! 나는 우공을 말리기보다 도와주려 하네."

산신령은 옥황상제의 말에 얼떨떨한 표정을 지었어요.

"나는 우공의 노력과 정성에 감동했다네. 그래서 두 산을 옮겨 주기로 했지. 어떤가? 이러면 자네들도 걱정이 없겠지? 허허허."

옥황상제는 가장 힘이 센 거인들을 시켜 당장 두 산을 번쩍 들어 옮겨 주었어요. 마을 사람들은 하루아침에 옮겨진 산을 보며 어리둥절하다가 우공의 노력에 고개를 끄덕여 줬어요.

그 후로 쉬지 않고 노력해서 일을 이루는 것을 '우공이산'이라고 부르기 시작했답니다.

愚 公 移 山
어리석을 우   어른 공   옮길 이   산 산

우공愚公이 산山을 옮기다移

어리석어 보이는 일일지라도 끊임없이 노력하면 마침내 큰일을 이룰 수 있다는 뜻이에요. 때로는 불가능한 일에 도전해 보세요. 우공 노인처럼 우직하게 한 우물을 파다 보면 불가능한 일도 해낼 수 있을 테니까요.

- 조금 늦더라도 우공이산의 열정만 있다면 꿈은 이루어질 거야.
- 그가 불가능한 일을 해낸 건 우공이산의 정신이 있었기 때문이야.
- 매일 30분씩 공부를 했더니 이번 시험에서 평균 10점이 오르는 우공이산의 기적이 나타났어.
- 만리장성은 2,000여 년에 걸쳐 우공이산의 정신으로 이루어낸 인류 최대의 건축물이지.

비 **사석위호**(射石爲虎: 射 쏠 사, 石 돌 석, 爲 할 위, 虎 호랑이 호)
돌을 호랑이인 줄 알고 쏘았더니 돌에 화살이 꽂혔다는 이야기에서 유래한 고사성어예요. 정신을 집중하면 불가능한 일도 해낼 수 있다는 의미죠.

속 **지성이면 감천이다**
무슨 일이든 정성을 다하면 하늘도 감동하여 도와준다는 속담이에요. 지성감천(至誠感天)이라는 사자성어와 같은 말이죠. 하늘이 감동할 때까지 노력하는 것! 그것이 바로 성공의 열쇠랍니다.

하늘은 스스로 돕는 자를 돕는다
스스로 돕는 자라는 말은 노력하는 사람을 뜻해요. 하늘이 노력하는 사람을 도와 성공하게 만든다는 의미지요.

우공이산

愚公移山

형螢설雪지之공功

어떤 어려움도 이겨낼 거야

"얘야, 밤이 늦었는데 그만 자거라."

늙은 어머니는 밤늦도록 책을 읽는 아들이 걱정되었어요.

"네, 어머님. 이것만 읽고 자겠습니다. 먼저 주무세요."

차윤은 한밤중이 넘도록 열심히 책을 읽었어요. 그런데 갑자기 등불이 휙 꺼지고 말았어요. 등잔 기름이 다 닳았던 것이에요.

"좀 더 읽고 싶은데……. 휴, 어쩔 수 없지. 기름 살 돈이 생길 때까지는 낮에만 책을 볼 수밖에."

하지만 넉넉지 않은 살림에 좀처럼 기름 살 돈은 생기지 않았어요. 낮에 들로 산으로 어찌나 바쁜지 도저히 책 볼 틈이 생기지 않았지요. 차윤은 몸이 피곤한 것보다 좋아하는 책을 읽을 수 없어 항상 마음이 무거웠어요.

어느 날, 일이 늦게 끝나 캄캄한 밤중에 혼자 집으로 돌아오던 길이었어요. 풀숲을 지나는데 차윤의 발길에 놀란 반딧불이가 화르르 날아오르는 거예요. 반짝반짝 빛을 내며 수십 마리의 반딧불이가 날아오르자 주변이 대낮처럼 환하게 밝아졌어요.

"옳거니! 그러면 되겠구나!"

차윤은 무릎을 탁 쳤어요. 그리고는 반딧불이를 자루에 담아 모으기 시작했어요.

그날 밤부터 차윤은 자루에 한가득 담긴 반딧불이를 등불 삼아 열심히 공부했고 훗날 상서랑이라는 높은 벼슬까지 올랐답니다.

차윤이 살던 진나라에는 손강이라는 사람도 살았어요. 손강 역시 책을 좋아했지만, 집안이 가난하기는 마찬가지였어요.

"여보, 내일은 산에 가서 풀뿌리라도 캐 와야 할까 봐요. 아이들이 배고파 축 늘어져서……."

손강의 아내는 더는 말을 잇지 못했어요. 손강도 미안한 마음에 깊은 한숨만 푹푹 내쉬었어요.

"봄에 과거가 있다니 그때까지만 잘 버텨 봅시다. 이번에는 꼭 과거에 급제하여 당신과 아이들이 굶는 일은 없도록 하겠소."

말은 그렇게 했지만 손강의 마음은 걱정이 한가득이었어요. 겨울이라 농사일은 없었지만 기름 살 돈이 없어 밤이 되면 아무것도 할 수 없었거든요. 밤을 새워 과거 준비를 해도 모자랄 지경인데 해가 지면 책 한 권도 제대로 볼 수 없었어요.

"차윤이라는 사람은 반딧불이를 잡아 등불 대신 썼다는데, 지금은 한겨울이니 반딧불이도 없고, 어휴."

손강은 답답한 마음에 방에서 나와 혼자 마당을 서성였어요. 저녁 내내 소록소록 내린 눈이 달빛에 반사되어 돌의 조그마한 무늬까지 보일 정도로 주변이 환했어요.

"그래! 이 정도면 책에 있는 글자가 보이지 않을까?"

잠시 고민하던 손강은 후다닥 책을 가지고 나왔어요. 눈빛에 비추

어 보니 글자들이 제법 잘 보였어요. 낡은 옷 사이로 겨울바람이 숭숭 들어와 오들오들 떨었지만 손강은 한참 동안 그렇게 책을 읽으며 공부했어요.

추위와 싸워가며 열심히 공부한 결과 손강은 과거에 급제했고, 훗날 어사대부라는 높은 벼슬에 올랐답니다.

이렇듯 차윤과 손강처럼 어려운 처지에서도 열심히 공부하는 것을 두고 사람들은 '형설지공'이라고 부르게 되었어요.

螢雪之功
반딧불이 형　눈 설　어조사 지　공 공

반딧불이(螢)의 빛과 눈(雪)빛으로 공부하여 이룬(之) 공(功)

온갖 어려움에도 포기하지 않고 공부하여 이룬 성공을 뜻해요. 아직도 공부 못하는 이유를 환경과 조건에서 찾고 있는 것은 아니겠죠? 하고자 하는 뜻만 있다면 어떤 어려움도 이겨낼 수 있어요.

- 형설지공으로 노력하더니 기어이 꿈을 이뤘구나!
- 형설지공의 노력 끝에 전국 대회에서 우승을 차지했어.
- 헬렌 켈러는 형설지공의 노력으로 대학까지 갈 수 있었어.
- 한석봉은 종이를 살 수 없을 만큼 가난하였지만 형설지공의 마음으로 돌다리에 글씨 연습을 하여 이름난 명필가가 되었지.

비 **주경야독**(晝耕夜讀: 晝 낮 주, 耕 밭갈 경, 夜 밤 야, 讀 읽을 독)
낮에는 밭을 갈고 밤에는 책을 읽는다! 즉 어려운 생활 속에서도 꿋꿋하게 공부하는 것을 이르는 말이에요.

속 **공든 탑이 무너지랴**
정성을 다해 쌓은 탑은 무너질 리가 없다는 말이죠. 뜻을 다해 노력하면 그 결과가 헛되지 않고 보람이 있다는 뜻이에요.

참 **반딧불이로 책을 읽을 수 있을까?**
매년 무주에서는 반딧불이 축제가 열려 직접 형설지공의 이야기를 체험해 볼 수 있다고 해요. 실제로 반딧불이 80마리 정도면 큰 글씨의 천자문을, 반딧불이 200마리 정도면 책을 읽을 수 있다고 해요. 참! 반딧불이를 개똥벌레라고 부르는 건 이미 알고 있지요?

히히깔깔 형설지공

螢 雪 之 功

화畫룡龍점點정睛
하늘로 날아간 그림 속의 용

뉘엿뉘엿 해가 질 무렵, 중국의 뛰어난 화가 장승요는 혼자 피곤한 마음을 다스리려고 조용한 절에 찾아 들어갔어요. 그때, 법당 앞에서 요란한 소리가 나기 시작했어요.

"저리 가라, 비둘기야! 여기는 부처님을 모시는 법당이다. 너희가 있을 곳이 아니라고! 훠어이~ 훠어이~"

때마침 불공을 드리던 큰스님이 법당에서 나오셨어요.

"무슨 일인데 이리 소란스럽게 구는 것이냐? 그것도 법당 앞에서!"

"그게 아니라 비둘기가 자꾸 법당 안으로 들어가 부처님께 똥을 싸지 뭡니까……."

동자승이 말끝을 흐리며 볼멘소리를 했어요. 이것을 물끄러미 지켜보던 장승요가 빙그레 웃으며 말했어요.

"제가 비둘기를 쫓아보겠습니다. 혹시 붓과 물감이 있는지요?"

큰스님과 동자승이 동시에 어리둥절한 눈으로 장승요를 쳐다봤어요. 비둘기를 쫓는다면서 붓과 물감을 찾으니 황당했거든요. 하지만 큰스님은 일단 붓과 물감을 찾아다 주었어요. 장승요는 서슴없이 법당 벽에 매 한 마리를 그리기 시작했어요.

"와~ 진짜 살아있는 것 같아요. 이거 그림 맞는 거죠?"

동자승은 호들갑을 떨며 벽에 그린 매 그림을 보고 또 봤어요.

며칠 후, 장승요가 다시 절을 찾았어요. 동자승은 장승요를 보자마자 이제는 비둘기가 얼씬도 하지 않는다며 신 나게 떠들어 댔어요. 큰스님도 장승요의 솜씨를 칭찬하며 한 가지 부탁을 했어요.

"제가 이번에 안락사 주지로 가게 되었습니다. 어려운 부탁인 줄은 압니다만 그곳에 그림을 하나 그려 주셨으면 합니다."

장승요는 큰스님의 간곡한 부탁에 어쩔 수 없이 안락사로 따라나섰어요. 큰스님은 안락사의 넓은 벽에 용을 그려 달라고 했어요. 장승요는 이번에도 머뭇거림 없이 용을 그리기 시작했어요. 며칠 만에 그림이 완성되자 안락사의 스님들이 저마다 한마디씩 했어요.

"세상에 저 용 좀 봐. 꼭 살아서 꿈틀대는 것 같지 않나?"

"날카로운 발톱 하며 비늘까지 생생하군. 이러다 금방이라도 벽에서 튀어나오겠는걸?"

"그런데 뭔가 좀 이상하지 않나? 눈 속에 눈동자가 없어!"

지나가던 사람까지 그림을 보며 술렁이기 시작하자 한 스님이 장승요에게 직접 물었어요.

"그림이 아직 완성된 것이 아닙니까?"

"완성된 것입니다. 다만 눈동자를 그려 넣으면 용이 날아가기 때문에 그리지 않았을 뿐입니다."

장승요가 너무도 태연하게 말하자 사람들은 피식 웃었어요.

"에이, 농담하지 마십시오. 어찌 그림으로 그려진 용이 살아 움직일 수 있답니까?"

"그러게 말이야. 귀찮으니까 말도 안 되는 핑계를 대는 것 아니요?"

사람들이 믿지 않자 한참을 망설이던 장승요는 다시 붓을 들었어요. 그리고는 용의 눈에 점을 꾹 찍어 눈동자를 완성하였어요.

그 순간, 갑자기 번개가 치고 천둥이 울리더니 그림 속의 용이 꿈틀거리기 시작했어요. 용은 순식간에 벽을 박차고 튀어나와 하늘 높이 날아올랐지요. 사람들은 깜짝 놀라 그 자리에 주저앉고 말았어요. 잠시 후 정신을 차리고 보니, 벽에는 눈동자를 그리지 않은 용만 그대로 남아 있었어요.

이때부터 '화룡점정'은 가장 중요한 부분을 마무리하여 일을 완벽하게 완성할 때 쓰이는 말이 되었답니다.

畫 龍 點 睛
그림 화　용 룡　점 점　눈동자 정

용(龍) 그림(畫)을 그린 뒤 눈동자(睛)에 점(點)을 찍어 완성하다

어떤 일을 할 때 가장 중요한 부분을 끝내고 완성한다는 뜻이에요. 그동안의 노력이 물거품이 되지 않고 빛을 발하려면 끝까지 꼼꼼하게 마무리하는 것을 잊지 말아야겠어요.

이렇게 사용하면 일취월장!

- 이어달리기야말로 운동회의 화룡점정이지.
- 놀이공원에서의 화룡점정은 스릴 넘치는 롤러코스터지.
- 이번 야구 시합의 화룡점정은 팀을 승리로 이끈 9회 말 만루 홈런이야.
- 시험지에 이름을 안 써서 냈다고? 열심히 공부했는데 화룡점정을 못했군.

이것까지 알면 금상첨화!

비 (비슷해요) **대미를 장식하다**
대미(大尾: 大 큰 대, 尾 꼬리 미)는 맨 마지막을 뜻하는 말이에요. '대미를 장식하다.'라는 말은 맨 끝을 잘 맺어 마무리했다는 뜻으로 '화려한 불꽃으로 축제의 대미를 장식했다.'라고 사용할 수 있어요.

반 (반대예요) **사족**(蛇足: 蛇 뱀 사, 足 발 족)
사족은 뱀의 발이라는 뜻인데 쓸데없는 것을 덧붙여 일을 오히려 망칠 때 쓰는 말이에요.

참 (참고자료) **솔거가 그린 황룡사 노송도**(老松圖)
중국에 장승요가 있다면 우리나라 신라 시대에는 솔거라는 유명한 화가가 있어요. 솔거도 그림을 어찌나 잘 그렸던지 황룡사 벽에 그린 늙은 소나무 그림에 새들이 앉으려다가 부딪쳐 죽었다는 일화가 전해진답니다.

畫龍點睛

세상을 이끄는 리더의 자세

군계일학 * 群鷄一鶴
낭중지추 * 囊中之錐
백문불여일견 * 百聞不如一見
백미 * 白眉
삼고초려 * 三顧草廬
좌우명 * 座右銘
천리안 * 千里眼

군群계鷄일一학鶴
닭 무리 속에 학 한 마리

"혜소야, 혜소 집에 있느냐?"
말끔하게 차려입은 선비가 허름한 집으로 들어섰어요.
"산도 아저씨, 오셨습니까?"
혜소가 반가운 목소리를 듣고 얼른 뛰어 나와 공손하게 인사했어요.
"어머니는 집에 계시느냐?"
"예, 방에 계십니다."
"그러면 너도 따라 들어오너라."
선비는 익숙한 듯 성큼성큼 방 안으로 들어갔어요. 셋은 좁은 방에 모여 앉았어요.

"혜소도 이제 벼슬에 나갈 나이가 되었으니 제가 황제께 혜소를 추천하려고 합니다."

"고맙습니다. 혜소 아버지가 억울한 누명을 쓰고 죽은 후, 지금까지 돌봐 주신 것도 감사한데 이렇게까지 신경 써 주시다니……."

혜소 어머니는 더는 말을 잇지 못하고 눈물까지 글썽였어요.

"친구로서 당연한 일입니다. 혜강이 살아 있었다면 저와 똑같이 했을 것입니다."

혜강은 혜소의 아버지로 산도와는 문학과 인생을 이야기하며 친하게 지내던 사이였어요.

며칠 후, 산도는 황제 앞에 나아갔어요.

"폐하, 앞으로 나라에 크게 쓰일 인재를 추천하고자 합니다."

"그게 누구인가?"

황제는 산도를 믿음직하게 여겼기 때문에 그가 추천할 사람이 누구인지 궁금했어요.

"혜소입니다. 그의 아버지인 혜강은 죄인이 되어 죽었지만, 아버지의 죄 때문에 총명한 아들이 기회를 잃는 것은 안타까운 일이라고 생각합니다. 혜소는 누구보다 지혜롭고 재주가 뛰어나니 폐하께 분명히 큰 도움이 될 것입니다."

"그래? 자네의 말이라면 믿을 만하지. 그런데 어떤 벼슬을 주면 좋겠나? 자네 의견을 말해 보게."

"비서랑으로 써 주십시오."

"자네가 추천하는 사람인데 비서랑보다 비서승이 낫지 않겠나?"

황제는 흔쾌히 산도가 말한 것보다 더 높은 벼슬을 내렸어요.

혜소는 황제의 명을 받고, 벼슬에 오르기 위해 낙양으로 갔어요. 사람들은 혜소가 벼슬길에 오르는 것을 보려고 너도나도 몰려들었어요.

"저 늠름한 모습 좀 봐. 이 많은 사람 중에도 단연 돋보이는군."

"그러게. 똑똑하고 성격도 좋다지? 멀리서도 눈에 확 띄는 것 같지 않나?"

사람들은 저마다 한마디씩 했어요.

"의젓하고 당당한 것이, 마치 닭 무리 속에 고고히 서 있는 한 마리 학 같군."

이 말을 들은 사람들은 저마다 고개를 끄덕이며 맞장구를 쳤어요.

그 후로 사람들은 많은 사람 중에 유난히 돋보이는 뛰어난 사람을 가리킬 때 '군계일학'이라는 말을 사용하기 시작했답니다.

群 鷄 一 鶴
무리 군　닭 계　하나 일　학 학

닭(鷄)의 무리(群) 중에 있는 한(一) 마리 학(鶴)

여러 평범한 사람 가운데 가장 뛰어난 사람을 가리킬 때 사용해요. 누구나 저절로 군계일학이 되지는 않아요. 남보다 훨씬 많은 노력을 하고 땀을 흘려야 이룰 수 있답니다.

- 그 선수는 팀을 승리로 이끈 군계일학이었지.
- 달리기로는 내가 우리 학교에서 군계일학이지.
- 합창 대회에서 독창을 한다고? 단연 군계일학이겠군.
- 출품한 미술 작품 중에서 내 그림이 군계일학으로 빛났어.
- 내가 좋아하는 아이돌 그룹이 단연 군계일학으로 돋보이는데?
- 그 친구는 찾기 쉬울 거야. 사람이 아무리 많아도 키로 보나 외모로 보나 군계일학이거든.

비 발군(拔群: 拔 빼어날 발, 群 무리 군)
무리 중에 가장 빼어나다, 즉 여럿 가운데에서 특별히 뛰어나다는 뜻이에요. "이번 그리기 대회에서 그 학생은 여러 학생 가운데 발군의 실력을 보여 주었다."라고 사용할 수 있어요.

반 장삼이사(張三李四: 張 성씨 장, 三 셋 삼, 李 성씨 이, 四 넷 사)
장씨의 셋째 아들과 이씨의 넷째 아들이란 뜻으로 특별하지 않은 평범한 사람을 이를 때 사용하는 사자성어예요. 옛날 중국에는 열 명 중에 셋은 장씨, 넷은 이씨였을 만큼 장씨와 이씨 성을 가진 사람이 많았어요. 그래서 그만큼 흔하고 평범하다는 뜻으로 사용한답니다.

히히깔깔 군계일학

손으로 쓰면서 화룡점정!

群鷄一鶴

낭囊중中지之추錐
뛰어나면 저절로 드러나는 법

아침 일찍부터 평원군의 집이 술렁이기 시작했어요. 군사들이 바쁘게 오가고, 왕의 명령을 전하기 위해 나라에서 보낸 사람들이 평원군을 급하게 찾았어요.

"진나라가 한단까지 쳐들어왔다고?"

"네. 아무래도 평원군이 직접 초나라에 가서 구원병을 요청해 주셔야겠습니다."

평원군은 심각한 얼굴로 조나라 혜문왕의 명령을 전달받았어요. 얼마 후, 평원군은 자신의 집에서 지내는 손님 중에 지혜롭고 용감한 사람들을 모집하기 시작했어요.

"나와 함께 초나라로 갈 스무 명을 뽑겠소. 일이 잘되어 초나라의 도움을 받을 수 있다면 더없이 좋겠지만, 만약 실패한다면 목숨을 내놓을 각오가 되어 있어야 합니다."

평원군이 자신의 굳은 결심을 힘주어 말했어요. 그러자 뜻있는 선비와 많은 무사가 앞다퉈 지원했어요. 그 사람 중에서 학식과 무예가 뛰어난 열아홉 명이 뽑혔어요.

"마지막 한 사람은 누굴 뽑을까?"

평원군이 고민하고 있을 때, 낯선 얼굴의 젊은 청년이 당당하게 앞으로 나섰어요.

"저는 모수라고 합니다. 저를 뽑아 주십시오."

"모수? 내 집에서 머무른 지 몇 년 되었나?"

"삼 년입니다."

"삼 년이나 있었는데 자네를 기억하지 못하다니……."

평원군이 썩 내키지 않는 표정으로 말끝을 흐렸어요. 좋은 평판이 자자했던 다른 사람들과 달리, 모수는 이름뿐 아니라 얼굴조차 눈에 익지 않았거든요.

"저의 능력을 보여 드릴 기회를 주십시오."

모수가 다시 한 번 다부지게 말했어요.

그러자 평원군이 점잖게 타일렀어요.

"송곳은 주머니 안에 넣어 놓아도 그 끝이 밖으로 삐져나오게 마련이지. 모름지기 뛰어난 사람도 이와 같아서 저절로 드러나게 마련이네. 그런데 삼 년이 지나도록 나는 자네에 대해 들어 본 적이 없어. 이것은 자네가 그만큼 능력이 없기 때문 아니겠나?"

"바로 그것입니다."

모수는 평원군의 말에도 기죽지 않고 오히려 맞장구를 쳤어요.

"그래서 저를 주머니 안에 넣어 달라고 부탁드리는 것입니다. 저는 아직 주머니 안에 들어가는 기회조차 얻지 못했습니다. 이제 평원군께서 저를 주머니에 넣어만 주신다면, 송곳의 끝뿐만 아니라 자루까지 밖으로 나오는 것을 보게 될 것입니다."

평원군은 모수의 재치 있는 대답과 당당함이 마음에 들었어요. 결국, 모수는 평원군의 수행원이 되어 초나라로 가게 되었어요. 그리고 모수의 뛰어난 활약 덕분에 초나라의 지원을 약속받게 되었어요.

이 이야기에 나오는 주머니 속 송곳의 비유에서 재주가 뛰어난 사람은 어디서든 드러나게 된다는 '낭중지추'가 유래되었답니다.

囊中之錐

주머니 **낭** 가운데 **중** 어조사 **지** 송곳 **추**

주머니(囊) 속(中)의(之) 송곳(錐)

주머니 속에 든 송곳과 같이 재주가 뛰어난 사람은 저절로 드러나기 마련이라는 뜻이에요. 다른 사람들이 나의 능력을 알아주지 않는다고 조급해하지 마세요. 맡은 일에 최선을 다하다 보면 나의 능력이 저절로 드러나게 될 테니까요.

- 가만히 지켜봤는데 넌 낭중지추로구나!
- 이 그림은 낭중지추라서 점점 더 가치를 인정받고 있어.
- 그 배우의 연기는 낭중지추라 세계적으로 인정받고 있어.
- 역시 나는 어디를 가도 낭중지추의 존재감이 있단 말이지.
- 김병만은 역시 낭중지추야. 숨길 수 없는 진정한 달인이라니까.

비 출중(出衆: 出 날 출, 衆 무리 중)
여럿 가운데서 특별히 뛰어나다는 뜻이에요. "이순신은 출중한 무예 실력을 갖추고 있었다."라고 사용할 수 있어요. 출중한 실력을 갖춘 사람을 가리켜 낭중지추라고 할 수 있답니다.

와룡봉추(臥龍鳳雛: 臥 누울 와, 龍 용 룡, 鳳 봉황 봉, 雛 병아리 추)
와룡은 승천하기를 기다리며 누워 있는 용, 봉추는 새 중의 으뜸인 봉황의 새끼를 뜻해요. 둘 다 아직 드러나지 않은 훌륭한 인재를 비유하는 말이랍니다. 『삼국지』에서 유비가 사마휘에게 유능한 사람을 소개해 달라고 했을 때 제갈량을 와룡으로, 방통을 봉추로 비유하여 추천한 것에서 유래했어요.

囊 中 之 錐

백百문聞불不여如일一견見

직접 눈으로 보는 것이 제일

조용하던 변방에 갑자기 다급한 말발굽 소리가 울려 퍼졌어요. 한 나라의 장군 조충국은 무슨 일인가 싶어 대문 앞까지 나와 보았어요.
"어사대부께서 이 먼 곳까지 어쩐 일이십니까?"
"장군, 그동안 별일 없으셨지요? 황제 폐하의 명이 있어 이렇게 급하게 찾아왔소."
두 사람은 가벼운 인사를 나누며 집 안으로 들어갔어요.
"조정에 무슨 일이 있습니까?"
"얼마 전부터 서쪽의 오랑캐인 강족이 반란을 일으키고 있어 황제 폐하의 근심이 크십니다. 그래서 황제 폐하께서 장군께 오랑캐 토벌의 적임자가 누군지 알아 오라고 하셨습니다."

"오랑캐 토벌이요? 그렇다면 저만한 적임자가 또 있겠습니까?"

조충국은 잠시의 망설임도 없이 대답했어요. 어사대부가 당황하는 사이 조충국 장군이 앞장섰어요.

"황제 폐하께서는 하루가 급하실 테니 어서 황궁으로 갑시다!"

어쩔 수 없이 어사대부는 조충국과 함께 황궁으로 돌아왔어요. 조충국이 오랑캐 토벌에 직접 나선다는 소문은 이미 조정까지 파다하게 퍼져 있었어요.

"폐하, 조충국 장군이 젊은 시절 뛰어난 힘과 지혜로 적진에 사로잡힌 우리 군사를 무사히 구해낸 큰 공이 있다고 하더라도 지금 이 일을 감당하기에는 나이가 너무 많습니다."

"그렇습니다. 나라를 위협하는 반란군을 진압하는 일에 일흔이 넘은 노장군이라니요?"

황제의 눈치를 보던 신하들이 너도나도 반대하며 나섰어요. 그러나 조충국은 그러거나 말거나 기죽지 않고 화통하게 말했어요.

"저는 흉노족 토벌 때에도 백 명의 군사로 포위망을 뚫고 살아 나온 사람입니다. 아직 죽지 않았으니 황제 폐하를 위해 목숨을 바치겠습니다."

황제는 조충국의 용기에 흐뭇한 표정을 지으며 말했어요.

"난 장군을 믿겠소. 자! 강족을 토벌하기 위해 군사가 얼마나 필요한지 말해 보시오."

"폐하, 군사가 얼마나 필요한지 어떤 전략을 사용할 것인지 아직 말씀드릴 수 없습니다."

조충국의 단호한 말에 조정 대신들이 술렁이기 시작했어요.

"뭐라고요? 앞장서야 할 장군이 필요한 군사도 전략도 모른다니 말이나 되는 소리입니까?"

조금 전 반대하고 나섰던 대신이 따지듯 물었어요.

하지만 조충국은 아랑곳하지 않고 침착하게 대답했어요.

"백 번 듣는 것이 한 번 보는 것만 못합니다. 그곳의 상황을 직접 살펴보지 않고는 전략을 세울 수 없다는 말이지요. 그러니 군사가 얼마나 필요한지도 지금은 말씀드릴 수 없습니다. 제가 반란이 일어난 곳에 직접 다녀오겠습니다. 그 후에 필요한 군사와 전략을 정확히 말씀드리겠습니다."

황제는 조충국의 말이 옳다고 생각했어요. 과연 조충국은 반란이 일어난 곳을 다녀온 후 그곳 사정에 알맞은 전략을 세웠어요. 당장 군사를 이끌고 가서 싸우기보다 평소에는 농사를 짓다가 적군이 몰려오면 나가 싸우는 둔전병을 두자는 전략이었지요. 수많은 대신은 조충국의 전략을 의심했지만, 과연 조충국의 말을 따랐더니 큰 싸움을 하지 않고도 반란이 진압되었어요. 한나라는 다시 안정을 찾게 되었지요.

백번 듣는 것이 한 번 보는 것만 못하다는 '백문불여일견'은 이 이야기 속 조충국의 말에서 유래했답니다.

百聞不如一見
일백 **백**   들을 **문**   아닐 **불**   같을 **여**   하나 **일**   볼 **견**

백번(百) 듣는(聞) 것이 한(一) 번 보는(見) 것만 못하다(不如)

실제로 경험해 보아야 확실히 알 수 있다는 뜻이에요. 다른 사람의 말만 듣고 섣불리 판단하기보다 직접 알아보고 확인하는 신중한 자세가 필요하겠지요?

- 백문불여일견이라 했으니 직접 경험해 보고 판단하자.
- 백문불여일견이라고 고려청자를 직접 보니 더 아름답구나!
- 네가 그렇게 춤을 잘 춘다고? 백문불여일견이라는데 한 번 보여 줘.
- 실험 결과가 궁금하다면 백문불여일견이라고 직접 실험해 보는 게 어때?

반 **탁상공론**(卓上空論: 卓 탁자 탁, 上 위 상, 空 빌 공, 論 말할 론)
탁자 위에서만 펼치는 쓸데없는 이론이나 현실성 없는 해결책을 말해요. "탁상공론만으로는 학교 폭력을 해결할 수 없다."라고 사용할 수 있답니다.

속 **열 번 듣는 것이 한 번 보는 것만 못하다**
백문불여일견과 뜻이 똑같지요? 우리나라는 오래전부터 중국과 영향을 주고 받아서 고사성어와 같은 의미의 우리말 속담이 꽤 많답니다. 우이독경(牛耳讀經)은 소귀에 경 읽기, 오비이락(烏飛梨落)은 까마귀 날자 배 떨어진다라는 속담과 관련 있지요.

귀 장사 말고 눈 장사하라
소문만 듣고 이러쿵저러쿵하지 말고 직접 눈으로 확인하고 나서 행동하라는 뜻이에요.

히히깔깔 백문불여일견

百 聞 不 如 一 見

백白미眉
흰 눈썹이 최고야

 오늘따라 유비의 기분이 아주 좋아 보였어요. 함께 모인 대신들도 술과 음식을 나누며 한껏 즐거운 마음이었어요.
 "이번 작전으로 형주, 양양, 남군 땅까지 차지했으니 우리의 승리가 코앞에 있는 듯합니다."

"이제 넓은 땅을 차지했으니, 이 땅을 오래도록 잘 다스릴 방법이 필요하지 않겠소?"

유비가 대신들에게 술을 돌리며 진지하게 물었어요. 그때, 한 사람이 앞으로 나서며 말했어요.

"새로 얻은 땅을 오래도록 지키시고 싶다면 우선 어진 선비를 구해야 할 것입니다."

너무도 당당하고 자신 있는 목소리에 사람들의 시선이 모였어요.

"아니, 그대는 나를 두 번이나 구해 준 이적 아닌가?"

유비는 이적을 단번에 알아봤어요.

"어진 선비가 필요하다고 했나?"

"예, 다른 어떤 방법보다 지혜롭고 총명하며 사람들을 이끌만한 사람이 필요하다고 생각합니다."

가만히 이야기를 듣던 유비는 이적의 말이 일리가 있다고 생각하며 고개를 끄덕였어요.

"맞아. 땅을 차지할 때야 전쟁을 잘하는 장군과 치밀한 작전이 필요하지만, 그 땅을 다스릴 때에는 어진 선비가 필요하지."

"그런데 그런 사람이 어디에 있습니까?"

대신들도 관심을 가지고 이적에게 물었어요.

"형양에 마씨 오 형제가 있는데 모두 재주가 뛰어나고 지혜롭다고 들었습니다. 그중 마량의 평판이 제일 좋으니 그를 불러 일을 맡겨 보십시오."

유비는 당장 형양 땅에 사는 마량을 불러오라고 명했어요.

얼마 후, 유비가 보낸 사람이 형양 땅에 이르렀어요.

"혹시 마씨 오 형제를 아십니까?"

"형양 땅에 마씨 오 형제를 모르는 사람도 있소?"

지나가던 사람이 당연히 아는 것을 왜 묻느냐는 듯 의아해했어요.

"그러면 마량도 아십니까?"

"아! 백미!"

"예? 백미요?"

마량에 대해 물었는데 백미라고 대답하니 도통 무슨 소리인지 알아들을 수가 없었어요.

"마량이 백미라오! 눈썹이 하얘서 백미라고들 부르지."

"마씨 오 형제 중에는 눈썹이 하얀 '백미'가 재주도 가장 좋고 인품도 제일이라오."

"아무렴, 다른 형제들도 똑똑하고 능력이 있지만, 그중에 단연 돋보이는 건 역시 '백미'라니까."

주변에 있던 사람들이 너도나도 마량에 대해 칭찬하기 시작했어요. 덕분에 유비가 보낸 사람은 쉽게 마량을 찾아 데려갈 수 있었어요.

이때부터 사람들은 여럿 중 가장 뛰어난 사람이나 물건을 가리킬 때 '백미'라고 부르기 시작했답니다.

白眉
흰 백   눈썹 미

흰 白 눈썹 眉

여럿 중에서 가장 뛰어난 사람이나 물건을 가리킬 때 사용하는 말이에요. 지식과 능력만 뛰어나다고 백미라고 하지는 않아요. 진정한 백미가 되려면 훌륭한 인품을 갖추어야 한답니다.

- 이번 연주회의 백미는 단연 너의 피아노 독주였어.
- 어제 축구 경기에서 백미는 네 이단 옆차기 슛이었어.
- 캠핑의 백미는 뭐니 뭐니 해도 한밤중에 끓여 먹는 라면이지.
- 이 영화의 백미를 꼽으라면 주인공이 하얀 눈밭에 드러눕는 장면이라고 할 수 있어.
- 김연아 선수의 이번 경기는 지금까지 개최된 동계 올림픽을 통틀어 백미 중의 백미였어.

비 **압권**(壓卷: 壓 누를 압, 卷 책·시험지 권)

압권은 시험지를 누른다는 뜻이에요. 옛날 과거 시험에서 합격한 답안지를 임금에게 올릴 때, 장원인 답안지를 제일 위에 올려놓았어요. 가장 위에서 나머지 답안지를 누르는 답안지가 가장 훌륭한 답을 적은 답안지였답니다. 여기에서 여럿 가운데 가장 뛰어난 것을 가리키는 압권이라는 말이 유래되었어요.

속 **달걀로 치면 노른자다**

노른자는 달걀의 한가운데, 영양분이 가장 많은 부분이에요. 노른자가 없다면 달걀도 의미가 없답니다. 그러니 이 속담은 가장 중요한 부분이라는 뜻이 되지요.

히히깔깔 백미

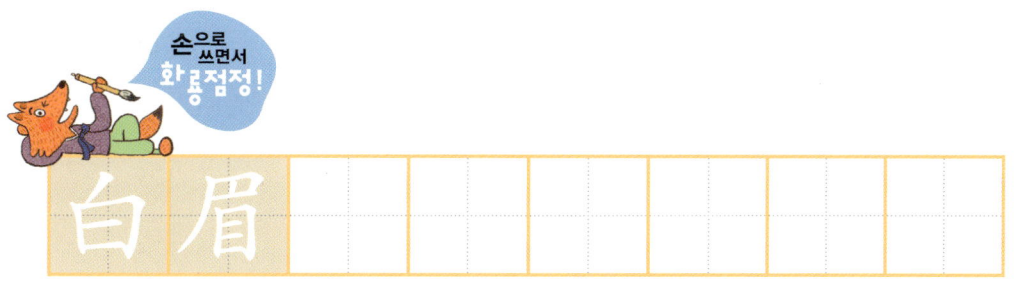

손으로 쓰면서 화룡점정!

| 白 | 眉 | | | | | | | |

삼三고顧초草려廬

오두막집을 찾아간 유비

유비, 관우, 장비가 찬바람이 쌩쌩 부는 언덕을 힘겹게 오르고 있었어요. 진귀한 선물을 가득 메고 뒤따라오는 짐꾼도 매서운 바람에 고개를 푹 숙였어요.

"이렇게 선물을 싸 들고 또 찾아와야 할 만큼 제갈량이 그리 대단한 사람입니까?"

관우와 장비가 못마땅하다는 듯 투덜거렸어요.

"스승님께서 추천해 주신 탁월한 전략가라고 하지 않느냐? 우리에게 꼭 필요한 사람이다!"

유비의 단호한 말에 관우와 장비는 더는 불평을 할 수 없었어요. 잠

시 후, 세 사람은 초라한 오두막집 앞에 멈춰 섰어요.

"계시오? 주인장 있소?"

퉁명스러운 장비의 목소리가 사방을 뒤흔들며 쩌렁쩌렁 울렸어요. 하지만 집 안에서는 아무런 움직임도 없었어요. 장비가 다시 한 번 크게 소리친 후에야 한 사내아이가 나와 보았어요.

"제갈량 선생은 오늘도 없느냐?"

유비가 친근하게 물었어요.

"예, 어제 친구분과 함께 나가셨는데 아직 안 오셨어요."

"먼 길을 두 번이나 찾아왔는데 이번에도 없다고? 지난번에 우리가 왔었다는 말을 전하기는 했느냐?"

장비가 버럭 화를 냈어요. 그러자 유비가 장비의 어깨를 다독이며 차분하게 말했어요.

"아이에게 화를 내서 무엇하겠느냐? 오늘은 그만 가자꾸나. 다음에 다시 찾아오면 되지."

"예? 또 온다고요?"

관우와 장비가 눈이 휘둥그레지며 동시에 소리쳤어요. 유비는 모른 척하며 조용히 대문을 나섰어요.

얼마 후, 셋은 또다시 허름한 오두막집을 찾았어요. 다시는 오지 않겠다던 관우와 장비도 함께였어요. 이번에는 댓돌 위에 신발이 놓여 있는 것을 보니 집 안에 사람이 있는 것 같았어요. 하지만 아무리 불러도 대답이 없자 유비는 조용히 마루에 걸터앉았어요.

"원래 귀한 것을 얻으려면 기다릴 줄도 알아야 하는 법이다."

유비는 조급해 하는 관우와 장비를 타이르며 꿈쩍도 하지 않았어요. 한참 후, 방 안에서 단정한 옷차림의 한 젊은이가 나왔어요. 젊은이는 마당으로 내려와 유비 앞에 공손히 두 손을 모으고 고개를 숙였어요.

"제갈량입니다. 그간 저의 무례함을 부디 용서하십시오."

유비는 그저 빙그레 웃기만 했어요. 제갈량은 유비의 얼굴을 보고 다시 고개 숙여 말했어요.

"저같이 어리고 부족한 사람도 귀하다 생각하고 세 번씩이나 직접 찾아 주시니 감사할 따름입니다. 혹시 제가 도움이 된다면 온 힘을 다해 모시겠습니다."

"고맙네. 이제 나에게 자네 같은 뛰어난 전략가가 생겼으니 벌써 천하를 다 얻은 것 같군."

유비는 자리를 훌훌 털고 일어났어요. 관우, 장비 그리고 제갈량은 유비의 뒤를 따라 나섰어요. 훗날 유비는 제갈량의 뛰어난 전략으로 조조의 백만 대군을 크게 물리치고 황제의 자리까지 오르게 되었어요.

이렇듯 '삼고초려'는 유비가 제갈량의 허름한 오두막집을 세 번이나 찾아갔다는 이야기에서 유래하여 여러 번 성심성의껏 정성을 다한다는 의미로 쓰이게 되었답니다.

三顧草廬

셋 삼 돌아볼 고 풀 초 오두막집 려

오두막집(草廬)을 세(三) 번이나 돌아보다(顧)

오두막집을 세 번 찾아갔다는 것으로 뛰어난 인재를 얻으려면 참을성 있게 정성을 다해야 한다는 뜻이에요. 유비가 삼고초려로 보여 준 겸손과 인내는 리더에게 꼭 필요한 덕목이지요.

- 아빠는 삼고초려 한 끝에 엄마와 결혼할 수 있었어.
- 유명한 작가님을 강연에 모셔 오려면 삼고초려라도 해야지.
- 삼고초려도 마다치 않겠다는 각오로 그 배역에 꼭 맞는 연기자를 스카우트했어.
- 빌 게이츠는 삼고초려하여 회사 경영에 탁월한 재능을 가진 스티브 발머를 그의 오른팔로 만들었어.

동 **삼고지례**(三顧之禮: 三 셋 삼, 顧 돌아볼 고, 之 어조사 지, 禮 예법 례)
세 번 찾아가는 예의라는 뜻으로 유능한 인재를 얻기 위해 진심으로 예를 갖추어 맞이하는 것을 말해요. 줄여서 삼고라고도 사용해요. 인재를 얻기 위해 간곡하게 청한다는 뜻은 모두 같아요.

참 **수어지교**(水魚之交: 水 물 수, 魚 물고기 어, 之 어조사 지, 交 사귈 교)
물과 물고기처럼 아주 친밀하여 떨어질 수 없는 사이를 말하는데 유비와 제갈량의 사이를 비유한 고사성어랍니다. 유비가 "나에게 제갈량이 있다는 것은 물고기가 물을 만난 것과 같다."라고 말한 것에서 유래했죠.

삼고초려

三顧草廬

좌座우右명銘
가득 차면 엎어지는 요술 술독

"아니, 자네 이게 무슨 뜻인지도 모르나?"

"죄송합니다. 아직 배우지 못했습니다."

"이런 것도 알지 못하면서 어찌 스승님의 가르침을 따르겠다고 왔는지, 쯧쯧."

앞에 앉아 있던 젊은이의 얼굴이 홍당무처럼 빨개졌어요. 공자의 제자들은 안 되겠다는 듯 고개를 절레절레 흔들었어요. 유일하게 한 제자만이 젊은이의 편을 들었어요.

"이제 막 시작했는데 모를 수도 있지. 모르니까 배우려고 오지 않았겠나?"

젊은이가 진땀을 닦으며 앞으로 더 열심히 공부하겠다고 말했지만, 제자들은 여전히 탐탁하지 않게 여겼어요. 지나가다가 이 모습을 본 공자는 아무 말 없이 자리를 떠났어요.

다음 날, 공자는 아침 일찍부터 제자들을 불러 모았어요. 그리고는

특별히 보여 주고 싶은 것이 있다며 앞장섰어요. 젊은이도 맨 뒤에서 쭈뼛쭈뼛 걸음을 옮겼어요.

"이곳은 제나라 환공의 묘당이 아닙니까? 특별히 보여 주고 싶으신 것이 이 안에 있습니까?"

공자가 묘지와 함께 있는 큰 사당 앞에 멈춰 서자 눈치 빠른 제자가 물었어요.

"그래, 나도 직접 보지는 못했다만 이곳에 있다고 들었다."

공자는 성큼성큼 묘당 안으로 들어갔어요.

"오! 이 술독이 바로 그것이로구나!"

공자는 보물이라도 찾은 듯 기뻐했어요. 제자들은 값비싼 물건을 두고 낡은 술독을 보며 반가워하는 스승이 이해되지 않았어요. 더군다나 그 술독은 한쪽으로 비스듬히 기울어져 쓸모없어 보였거든요.

공자는 상관하지 않고 맨 뒤에 서 있던 젊은이에게 물을 길어 오라고 했어요. 젊은이는 스승님의 말씀대로 물을 길어 왔어요.

"술독에 물을 채워 보도록 해라."

젊은이가 술독에 물을 채우기 시작했어요. 물이 반쯤 차오르자 신기하게도 비스듬했던 술독이 바로 섰어요.

"와! 신기하다. 스승님, 요술 술독입니다!"

낡았다고 무시하던 제자들의 눈이 휘둥그레졌어요. 공자는 담담하게 다시 말했어요.

"물을 더 채워 보아라."

술독에 물이 점점 가득 차자 이번에는 술독이 다시 비스듬히 기울기 시작하더니 이내 기우뚱거리며 엎어지고 말았어요. 제자들은 할 말을 잃고 술독만 이리저리 살펴보았어요. 그때, 공자가 제자들을 둘러보며 말했어요.

"이것은 환공이 항상 의자 오른쪽에 두고 가득 차는 것을 경계했다는 술독이다. 그래서 좌우명이라고도 하지. 학문을 한다는 것은 이 술독과 같다. 배웠다고 교만하게 군다면 이렇게 넘어지는 법이니 꼭 명심하려무나."

제자들은 그제야 어제 젊은이에게 한 일이 떠올라 얼굴이 시뻘겋게 달아올랐어요. 그리고 집으로 돌아온 공자는 환공의 것과 똑같은 술독을 만들어 늘 곁에 두며 스스로 경계했다고 해요.

이 일을 두고 사람들은 오른쪽 자리에 두고 마음에 새기던 술독, 즉 '좌우명'을 스스로 경계하는 격언이나 마음에 담아두고 지침으로 삼는 글귀라는 뜻으로 사용하게 되었답니다.

座右銘
자리 좌 오른쪽 우 새길 명

자리座 오른쪽右에 두고 마음에 새기던銘 슬독

늘 가까이 두고 스스로 경계하거나 가르침으로 삼는 말을 뜻해요. 내 인생에 지표가 될 만한 좌우명을 가지면 어렵고 힘든 시기도 잘 이겨낼 수 있을 거예요.

- 새해 다짐으로 책상 앞에 좌우명을 써 붙였어.
- 마부작침은 좌우명으로 삼기 좋은 고사성어지.
- 내 인생의 좌우명은 '피할 수 없다면 즐겨라.'야.
- 아버지는 정직하게 살자는 좌우명을 실천하려고 항상 노력하셔.
- 실패해도 흔들리지 않는 것을 보니 너는 정말 확고한 좌우명을 가지고 있구나!

비 모토(motto)
모토(motto)는 좌우명과 같은 뜻을 가진 영어 단어인데 지금은 외래어로 표기되어 국어사전에도 나온답니다. "내 인생의 모토는 '하면 된다'야."라고 사용할 수 있어요.

참 좌우명의 또 다른 유래
중국 한나라의 학자였던 최원은 자신의 행실을 바로잡기 위해 글을 지어 자리[座] 오른쪽[右] 쇠붙이에 새겨 놓았어요[銘]. "남의 단점은 말하지 말고, 나의 장점을 자랑하지 말라." 최원은 자리 오른쪽에 새겨 놓은 이 글을 매일매일 읽으며 마음을 다잡았다고 해요. 이때부터 최원의 글을 사람들은 '좌우명'이라 불렀고 좌우명이라는 말이 널리 퍼지게 되었다고 해요.

히히깔깔 좌우명

座右銘

천千리里안眼

멀리까지 다 보여

위나라의 광주 관청 앞은 소문을 듣고 달려온 사람들로 북새통을 이루었어요. 갑자기 몰려든 인파에 놀란 관원이 사태를 진정시켜 보려 했지만 역부족이었어요.

"조용! 조용히 하시오! 대체 무슨 일이오?"

"오늘 관청 창고를 열고 곡식을 나누어 준다고 들었소이다. 흉년이 계속되어 가족들이 굶어 죽을 지경이니 빨리 좀 나눠 주쇼."

"관청 창고를 연다고? 누가 그런 헛소리를 했소?"

관원이 말도 안 된다며 펄쩍 뛰었어요.

"내가 그랬네."

뒤에서 점잖은 목소리가 들렸어요. 돌아보니 얼마 전 광주 자사로 임명되어 부임한 양일이었어요. 소란스럽던 사람들이 순간 조용해졌어요. 새로 부임한 자사의 모습이 생각보다 어렸기 때문이에요. 하지만 어린 모습 속에서도 범상치 않은 기품이 느껴졌어요.

"관청의 곡식 창고를 열어 주게."

"나리의 명이라도 나라의 창고는 함부로 열 수 없습니다. 먼저 조정에 보고하고 절차를 거쳐야만 합니다."

"당장 백성이 굶어 죽고 있는데 절차가 뭐가 그리 중요한가? 나라의 근본은 백성이네. 굶어 죽는 백성을 살리는 것이 관리의 도리이고 나라를 위하는 길이니 어서 창고를 열어 주게."

관원은 그제야 어쩔 수 없이 곡식 창고 문을 열었어요. 이제나저제나 기다리던 사람들은 우르르 몰려들어 곡식을 받아 갔어요.

젊은 자사의 소문은 삽시간에 광주 지역 곳곳에 퍼지고 조정에까지 알려졌어요. 조정에서는 절차를 무시한 양일에게 죄를 물어야 한다고 주장했어요. 하지만 황제의 생각은 달랐어요.

"백성을 먼저 생각한 양일의 행동이 기특하구나. 광주 지역의 관리들을 불러 요즘은 백성의 생활이 어떤지 자세하게 알아보도록 하라."

황제의 명령에 따라 광주 지역 관리들이 불려 왔어요. 그런데 참 이상한 일이 일어났어요. 광주 관리들은 조사를 받으러 올 때마다 도시락을 싸 들고 오는 것이었어요. 조사를 마친 후 음식이라도 대접하려고 하면 손사래를 치며 얼른 돌아가 버리기 일쑤였어요.

"조사도 끝났으니 식사도 하고 술도 마십시다. 이 정도는 으레 나랏돈으로 대접하는 것이지."

"큰일 날 소리! 그런 일을 양일 자사님이 알게 되면 혼쭐이 납니다."

"여기서 광주가 얼마나 먼 곳인데 어떻게 안다고……."

"모르는 소리 마시오! 양일 자사는 천 리 밖을 내다보는 눈을 가지고 있어 도저히 속일 수가 없다오."

광주의 관리는 누가 보고 있기라도 하는 듯 귀에 대고 속삭거렸어요.

그러자 조사원이 콧방귀를 뀌며 말했어요.

"사람이 어떻게 천 리를 본단 말이오?"

"그러게 말이오. 그런데 양일 자사님은 방 안에 앉아서도 모든 일을 꿰뚫고 계시니 천 리를 보는 눈을 가지고 있다고 할밖에요."

이때부터 사람들은 양일처럼 먼 곳의 일까지 꿰뚫어 보는 능력을 가리켜 천 리를 보는 눈, 즉 '천리안'이라고 말하기 시작했답니다.

千里眼
일천 천   거리 리   눈 안

천千 리里를 보는 눈眼

먼 데서 일어난 일까지 꿰뚫어 보는 능력을 말해요. 무슨 일이든 애정과 관심을 가지고 꾸준히 지켜본다면 누구나 천리안처럼 뛰어난 관찰력과 안목을 가질 수 있을 거예요.

- 엄마 속일 생각하지 마라. 엄마는 천리안이 있어.
- 우리끼리 한 이야기를 어떻게 알았지? 천리안이라도 가졌나?
- 우리 선생님 별명은 천리안이야. 학교에서 일어나는 일은 다 아시거든.
- 천리안이라고 소문이 날 정도로 주변에서 일어나는 모든 일을 알고 있는 사람이야.

비 **혜안**(慧眼: 慧 슬기로울 혜, 眼 눈 안)
사물을 꿰뚫어 보는 안목과 식견이라는 뜻이에요. "앞날을 내다볼 줄 아는 혜안을 가지고 있구나!"라고 사용할 수 있답니다.

반 **근시안**(近視眼: 近 가까울 근, 視 볼 시, 眼 눈 안)
가까운 데 있는 것은 잘 보아도 먼 데 있는 것은 잘 보지 못하는 눈을 말해요. 눈앞의 일에 사로잡혀 앞날의 일을 짐작하지 못하는 것을 비유하여 이르는 말이죠.

참 **천리안 위성**
천리안 위성은 우리 기술로 개발한 최초의 정지 궤도 위성으로 통신, 해양 관측, 기상 관측의 역할까지 모두 하는 위성이랍니다. 지구 자전 속도로 회전하며 구름 사진을 찍어 우리나라 날씨를 알려 주고 있어요.

소중한 가족과 친구

결초보은 * 結草報恩
관포지교 * 管鮑之交
단장 * 斷腸
도원결의 * 桃園結義
맹모삼천 * 孟母三遷
지음 * 知音

결結초草보報은恩
죽어서도 은혜를 갚으리다

"여보, 이것 좀 드셔 보세요."
"당신부터 먹지 그래요."
위무자와 어린 부인은 서로 맛있는 음식을 양보하느라 웃음꽃이 피었어요. 곁눈질로 그 모습을 바라보던 위무자의 아들 위과도 무척이나 행복했어요. 일찍 어머니를 잃고 외로워하시던 아버지가 늦게나마 새어머니와 즐겁게 지내는 것이 다행스러웠거든요.

그러던 어느 날, 위무자가 병이 들었어요.

"여보, 아프시면 어떡해요? 얼른 약을 지어올 테니 기운 차리세요."

어린 부인이 약을 지으러 간 사이, 위무자는 아들을 불렀어요.

"과야! 나는 얼마 못 살 것 같구나. 내가 죽으면 네 새어머니를 좋은 곳에 시집보내도록 해라."

"알겠습니다, 아버지. 흑흑."

어린 부인과 아들의 지극한 간호에도 불구하고 위무자의 병은 점점 더 깊어졌어요. 정신이 더 흐릿해지자 위무자는 다시 아들을 불렀어요.

"과야, 내가 부탁이 하나 있다. 내가 죽거든 혼자 외롭게 묻히지 않도록 너희 새어머니도 나와 함께 묻어 다오."

마지막 말을 남기고 위무자는 눈을 감고 말았어요.

"아버지! 아버지!"

가족들은 슬픔 속에서 장사를 지냈어요. 하지만 위무자의 어린 부인은 마냥 슬퍼할 수만은 없었어요. 위무자가 살던 진나라에서는 남편이 죽으면 부인을 땅속에 함께 묻는 '순장'이라는 풍습이 있었거든요. 하지만 아들 위과는 곰곰이 생각한 끝에 새어머니를 순장하지 않고 좋은 곳으로 다시 시집보냈어요.

그러자 사람들이 위과에게 의아하다는 듯 물었어요.

"왜 아버님의 유언을 따르지 않는 겁니까?"

위과는 잠시 아버지를 생각하는 듯 두 눈을 감았다가 침착하게 대답했어요.

"아버님은 평소에 새어머니를 좋은 곳으로 시집보내라고 말씀하셨

습니다. 저는 정신이 맑을 때 하신 말씀이 아버님의 진심이라고 생각합니다."

얼마 후, 위과는 장군이 되어 전쟁터에 나가게 되었어요. 적군에는 두회라는 막강한 장군이 있었어요.

"들었어? 적장 두회는 호랑이를 주먹으로 때려잡는대."

군사들은 싸우기도 전에 지레 겁부터 먹었어요. 걱정이 된 위과는 전투를 앞두고 적진을 살피러 나섰어요.

그런데 멀리서 어떤 노인이 적진에 난 풀을 엮고 있었어요. 이상하

게 생각한 위과가 유심히 쳐다보는 순간, 적장 두회와 그의 군사들이 말을 타고 달려 나왔어요.

"으악! 말이 왜 이래?"

말들이 엮어 놓은 풀에 발이 걸려 넘어지기 시작했어요. 그 바람에 두회는 바닥으로 떨어졌고 덕분에 위과는 두회를 쉽게 사로잡아 전쟁을 승리로 이끌 수 있었어요.

그날 밤, 위과의 꿈에 그 노인이 나타났어요.

"나는 당신이 시집보내준 새어머니의 아버지라오. 당신 덕분에 내 딸이 죽지 않고 살았소. 그것이 진심으로 고마워 죽어서라도 은혜를 갚고 싶었소. 이제 은혜를 갚았으니, 내 편히 눈을 감을 수 있겠소이다."

노인은 공손히 절을 하더니 홀연히 사라졌어요.

그 후로 사람들은 풀을 엮어서 은혜를 갚는다는 뜻의 '결초보은'을 죽어서도 잊지 않고 반드시 보답한다는 의미로 사용하기 시작했답니다.

結草報恩
맺을 결　　풀 초　　갚을 보　　은혜 은

풀(草)을 엮어(結) 은혜(恩)를 갚다(報)

한 번 입은 은혜는 잊지 않고 보답한다는 뜻이에요. 다른 사람에게 은혜를 베풀어 보세요. 언젠가는 나에게 좋은 일이 되어 돌아올 거예요.

이렇게 사용하면 일취월장!
- 은혜를 입었으면 결초보은하는 게 당연하지.
- 제비가 흥부에게 결초보은하기 위해 박씨를 물어다 준 거야.
- 이번 한 번만 더 준비물 빌려 주면 내가 나중에 꼭 결초보은할게.
- 낳아 주시고 길러 주신 부모님의 은혜, 잊지 않고 결초보은하겠습니다.
- 오빠 부탁대로 엄마한테 이르지 않았으니까 나한테 결초보은해야 돼. 알았지?

이것까지 알면 금상첨화!

비 (비슷해요) **백골난망**(白骨難忘: 白 흰 백, 骨 뼈 골, 難 어려울 난, 忘 잊을 망)
죽어 뼈가 하얗게 될 때까지 그 은혜를 잊을 수 없다는 뜻이에요. 결초보은처럼 은혜를 꼭 갚겠다는 말이죠.

반 (반대예요) **배은망덕**(背恩忘德: 背 배반할 배, 恩 은혜 은, 忘 잊을 망, 德 덕 덕)
결초보은과는 반대로 베풀어 준 은혜에 보답하기는커녕 은혜를 원수로 갚는다는 뜻이에요. "은혜를 원수로 갚다니, 이런 배은망덕한 놈!"이라는 말을 사극 드라마에서 자주 들어 보지 않았나요?

속 (같은 속담) **꼴을 베어 신을 삼겠다**
꼴은 소나 말에게 먹이는 풀을 말해요. 이것으로 신발을 만들겠다는 말은 무슨 일을 해서든지 은혜를 꼭 갚겠다는 뜻이랍니다.

히히깔깔 결초보은

관管포鮑지之교交
나를 진정으로 알아주는 친구

    가게가 죽 늘어선 길거리 한복판에서 두 사람이 티격태격하고 있었어요. 지나가던 사람들도 무슨 일인가 궁금해 하나둘 주변에 모여들었어요.

    "가게를 차릴 때 돈을 댄 것은 포숙아였으니 포숙아가 주인 아닌가? 그런데 관중이 포숙아를 속이고 자기 몫을 더 많이 챙겨 갔다는데 그냥 넘어가는 게 말이 되나?"

    "모르는 소리! 이번에도 포숙아는 관중 편을 들어줄걸? 누구 말이 맞을지 내기라도 할까?"

두 사람은 한 치의 양보도 없이 자기가 옳다고 주장했어요.

"내가 당장 포숙아에게 이 사실을 말하면 포숙아와 관중 사이도 끝이니 두고 보게!"

키 작은 사람의 호언장담에 주변이 술렁이기 시작했어요.

결국, 키 작은 사람은 포숙아를 찾아가 관중이 우정을 배신했다며 이야기했어요. 주위의 상인들도 한마디씩 거들었지요. 하지만 정작 포숙아는 이미 알고 있었다는 듯 담담하게 말했어요.

"제가 돈을 대기는 했지만 가게가 이렇게 번창하게 된 것은 전부 관중 덕분입니다. 그러니 관중이 더 챙겨 가는 것이 당연하지요. 그런데다 관중은 식구가 저보다 많으니 돈이 더 필요하답니다."

이쯤 되자 사람들은 관중과 포숙아의 특별한 우정을 인정할 수밖에 없었어요.

세월이 흘러 관중과 포숙아는 벼슬길에 올랐어요.

"요즘 나라가 어지러워 걱정일세. 이러다가 곧 왕위 다툼이 일어나겠어."

"뭐가 걱정인가? 우리가 각각 다른 제후를 섬기고 있으니 만약 두 분 중 한 분이 왕위에 오른다면 서로 지켜 주면 되지, 허허허."

포숙아는 관중의 마음을 안정시키려 일부러 호탕하게 웃어 보였어요. 그런데 얼마 후, 둘의 걱정은 현실이 되고 말았어요. 제나라의 임금인 양공이 죽자 정말로 왕위 다툼이 일어난 거예요.

"내가 반드시 규 제후를 왕위에 앉혀 천하에 이름을 떨치리라."

야심에 찬 관중은 포숙아가 모시는 소백을 찾아가 몰래 활을 쏘았어요. 다행히 소백은 화살이 허리춤에 빗겨 맞아 가까스로 목숨을 구했고 규보다 먼저 임금의 자리를 차지했어요. 왕위에 오른 소백은 당장 관중부터 잡아오라고 소리쳤어요.

"관중 네 이놈! 네가 감히 나에게 활을 쏘았겠다? 이제 내가 너의 목을 칠 차례구나!"

임금이 된 소백의 호령에 모두가 사시나무 떨듯 벌벌 떨었어요. 이때, 정적을 깨고 포숙아가 나서며 말했어요.

"전하, 관중은 자신이 모시는 분을 위해 최선을 다했을 뿐입니다.

그러니 용서해 주시고 그를 전하의 사람으로 만드십시오. 관중의 지혜와 용기가 전하께 큰 도움이 될 것입니다."

포숙아의 건의에 모두 어리둥절해졌어요. 임금을 죽이려 했던 관중에게 오히려 벼슬을 내리라니, 아무리 친구 사이라지만 관중을 위한 포숙아의 간청은 무리한 일이라고 생각했어요. 하지만 포숙아에 대한 신뢰와 둘의 우정을 인정한 소백은 관중에게 높은 벼슬을 내렸어요.

훗날, 관중은 포숙아를 떠올리며 이렇게 말했어요.

"나를 낳아 주신 분은 부모님이지만, 나를 진정으로 알아준 사람은 포숙아뿐이었다."

이러한 관중과 포숙아의 변함없는 우정에서 유래된 '관포지교'는 두터운 우정을 나누는 사이라는 뜻으로 사용하게 되었답니다.

管鮑之交
피리 **관** 절인 물고기 **포** 어조사 **지** 사귈 **교**

관중管과 포숙아鮑의之 사귐交
관중과 포숙아의 사귐처럼 변하지 않는 친구 사이의 두터운 우정을 뜻해요. 나를 믿어 주는 진정한 친구 하나만 있다면 평생 외롭지 않고 든든하겠지요?

- 관포지교를 나눌 친구가 있다면 얼마나 좋을까?
- 오성과 한음의 우정을 관포지교에 비유하기도 하지.
- 좋아하는 사람 앞에서는 관포지교도 다 필요 없구나!
- 네가 어려운 일을 당했는데 관포지교를 나눈 내가 당연히 널 도와야지.
- 아버지와 관포지교를 나눈 친구분께서 아버지께 자신의 간 일부를 기증해 주셨어.

비
지란지교(芝蘭之交: 芝 지초 지, 蘭 난초 란, 之 어조사 지, 交 사귈 교)
지초와 난초같이 향기로운 사귐이라는 뜻으로 친구 사이의 아름다운 우정을 이르는 사자성어예요. 지초와 난초는 모두 향기로운 풀의 이름이죠.

죽마고우(竹馬故友: 竹 대나무 죽, 馬 말 마, 故 옛 고, 友 벗 우)
죽마는 대나무로 만든 말, 고우는 옛 친구를 가리켜요. 죽마고우는 대나무로 만든 말을 다리 사이에 끼우고 놀던 친구를 뜻하는 말이랍니다. "우리는 어려서부터 함께 자란 죽마고우야."라고 사용할 수 있어요.

속
어려울 때 친구가 진짜 친구다
어렵고 힘든 일을 당했을 때 나를 위로해 주고 진심으로 걱정해 주는 친구가 진정한 친구다라는 뜻의 영어 속담이에요.

단 斷 장 腸
어미 원숭이의 애끊는 사랑

 환온 장군은 촉나라를 정벌하기 위해 모두가 말리는 험한 길을 가고 있었어요. 군사를 실은 배가 물살이 험하기로 소문난 골짜기인 삼협이라는 곳을 지나고 있던 때였어요.
 점심을 먹기 위해 강어귀에 배를 대고 쉬고 있는데, 숲 속에서 새끼 원숭이 한 마리가 나타났어요. 새끼 원숭이는 배가 고팠는지 병사들이 던져 주는 음식을 망설이지도 않고 받아먹었어요.
 "곧 다시 출발하겠다. 병사들은 배에 오르도록 하라!"
 장군의 호령에 병사들이 모두 한 몸같이 움직였어요. 이때, 막 배에 오르려던 한 병사가 떨어진 음식을 먹고 있는 새끼 원숭이를 돌아보았어요.
 '저 원숭이를 데려갈까? 배 안에서 재주라도 가르치면 심심하진 않을 테니 말이야.'

병사는 재빠르게 밧줄을 던져 원숭이를 잡았어요.

"출항이다!"

호령과 함께 배가 움직이기 시작했어요. 그 순간, 숲 속에서 또 다른 원숭이 한 마리가 튀어나왔어요. 원숭이는 배에 오르려는 듯 팔짝팔짝 뛰었지만 이미 배는 닻을 올리고 육지와 멀어지고 있었어요.

"에구구, 어미 원숭이인 모양이군. 아까부터 계속 따라오고 있어. 배를 멈출 수도 없고 어쩌나."

병사들은 길길이 날뛰며 따라오는 어미 원숭이와 새끼 원숭이를 지켜볼 수밖에 없었어요.

　해가 뉘엿뉘엿 질 무렵, 배는 야영할 곳을 찾기 위해 강기슭에 닻을 내렸어요. 그때 백 리를 쫓아온 어미 원숭이가 숨을 헐떡이며 배로 뛰어들었어요. 그런데 배로 뛰어든 어미 원숭이는 외마디 소리를 지르더니 새끼 원숭이를 안자마자 풀썩 쓰러져 버렸어요.

"어미 원숭이가 죽었나 봐! 어떻게 된 일이지?"

　병사들이 어미 원숭이 주변에 우르르 몰려들었어요. 새끼 원숭이도 불안에 떨며 쓰러진 어미 원숭이 곁을 맴돌았어요. 하지만 누구도 정확한 원인이 무엇인지 속 시원하게 대답하지는 못했어요.

"이렇게 궁금해할 것이 아니라 배를 한 번 갈라보세."

　한때 의원 노릇을 하던 병사가 나섰어요. 썩 마음 내키는 제안은 아니었지만, 어미 원숭이의 애절한 울음소리가 귓전에 맴돌아 병사들은 말리지 않았어요.

　으르렁거리는 새끼 원숭이를 어미 원숭이 곁에서 간신히 떼어 내고 배를 가르자 병사들의 얼굴이 일제히 일그러졌어요.

"세상에나! 새끼를 잃은 슬픔에 창자가 다 끊어졌나 보군, 쯧쯧쯧."
"백 리 길을 울며 쫓아왔으니, 멀쩡한 것이 이상한 거지."
병사들은 어미 원숭이를 붙잡고 슬피 우는 새끼 원숭이를 보며, 고향에 두고 온 어머니 생각에 하나둘 훌쩍이기 시작했어요. 새끼 원숭이를 잡아 온 병사도 고개를 숙이고 할 말을 잃었어요.
"아무리 짐승이라 하더라도 부모 자식 간의 정은 똑같거늘, 어찌 억지로 이별하게 만들었단 말이냐?"
뒤늦게 사실을 알게 된 환온 장군은 불같이 화를 내며 그 병사를 크게 꾸짖고 내쫓았어요. 그리고는 창자가 끊어진 어미 원숭이를 양지 바른 곳에 고이 묻어 주었지요.
사람들은 이때부터 '단장'을 가슴 아픈 이별을 표현할 때 사용하게 되었답니다.

斷 腸
끊어질 단   창자 장

창자(腸)가 끊어지다(斷)

창자가 끊어질 정도로 가슴 아픈 이별을 뜻해요. 소중한 가족이나 친구와 헤어진다면 얼마나 슬플까요? 주변에 이런 아픔을 겪은 사람이 있다면 진심으로 위로해 주세요.

이렇게 사용하면 일취월장!

- 세상에서 제일 큰 고통은 단장의 슬픔이란다.
- 남과 북으로 흩어진 이산가족들은 단장의 아픔을 겪고 있어.
- 우리 할머니는 '단장의 미아리 고개'라는 노래를 제일 좋아해.
- 학교 폭력으로 자식을 잃은 부모들은 단장의 비극을 겪고 있는 거야.

이것까지 알면 금상첨화!

비 (비슷해요) **애끊는 모정**
'애끊다'라는 말은 '몹시 슬퍼서 창자가 끊어질 듯하다.'라는 뜻이에요. 그러니 애끊는 모정은 단장의 한글식 표현이라 할 수 있겠지요.

반 (반대예요) **풍수지탄**(風樹之嘆: 風 바람 풍, 樹 나무 수, 之 어조사 지, 嘆 탄식할 탄)
중국의 유명한 시에 '나무는 고요하고자 하나 바람이 그치지 않고, 자식은 효도하고자 하나 부모님이 기다려 주지 않네.'라는 표현이 있어요. 여기에서 유래한 풍수지탄은 단장과는 반대로 부모님을 잃은 자식의 슬픔을 나타내는 사자성어예요.

속 (같은 속담) **자식 떼고 돌아서는 어미는 발자국마다 피가 고인다**
자식을 잃어버린 어머니는 걸음마다 피를 쏟으며 걷는다는 뜻으로, 어머니가 자식을 떼어 놓는 일이 그만큼 매우 괴로운 일이라는 것을 비유적으로 이르는 말이에요.

 단장

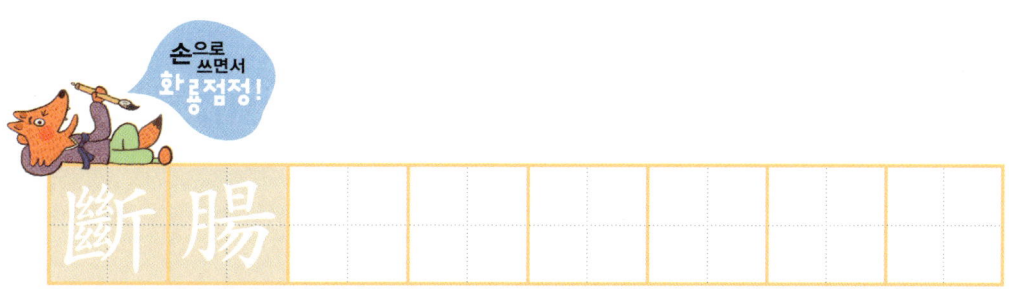

도桃원園결結의義

믿음을 나눈 의형제

 탁현 마을 곳곳에 의병을 모은다는 방이 붙었어요. 사람들은 방이 붙어 있는 골목마다 모여 술렁거렸어요.
 "황건적이 곧 들이닥칠 거라더니 그 소문이 헛소문은 아니었나 봐?"
 "나라 꼴이 점점 어지러워지니 큰일이야. 난리가 나면 우리 마을도 무사하지 못할 텐데 어쩌야 하나?"
 어른이나 아이 할 것 없이 저마다 한마디씩 늘어놓는 무리 중에 혼자 깊은 한숨을 쉬는 청년이 있었어요. 청년의 이름은 유비였어요.
 "형님! 왜 여기서 한숨만 쉬고 있소? 뜻이 있으면 망설이지 말고 나서면 될 것을."
 어느새 나타난 장비가 유비의 마음이라도 꿰뚫어 읽은 듯 퉁명스레 말했어요.
 "뜻이 있다고 무조건 나설 수가 있나? 길이 있어야 가는 것이지."
 "형님은 그래서 문제요. 생각이 너무 많단 말이지. 일단 나서면 길이 보일지 누가 알겠소?"
 "하하! 역시 너답구나! 하지만 내가 이래 봬도 왕실의 핏줄인데 한낱 병사로 나설 수는 없지 않겠느냐?"

"그것이라면 걱정하지 마시오. 내가 전 재산을 털어 형님에게 돈을 댈 테니 형님도 의병을 모아 대장 노릇 하면 되지 않겠소? 형님은 내 목숨을 구해준 은인인데 그 정도 보답은 해야지, 암!"

유비는 술김에 벼슬아치를 때렸다가 곤장을 맞아 죽을 뻔했던 장비를 도와준 일이 떠올랐어요. 둘은 술집으로 자리를 옮겼어요. 때 이른 저녁인데도 술집은 사람들로 북적였어요.

"아니, 관우 아니오? 여기서 또 만나다니."

유비가 장비의 눈치를 보며 관우와 인사를 나누었어요. 사실 관우와 장비는 며칠 전 저잣거리에서 서로의 칼 솜씨를 겨루다 유비가 말리는 통에 결판을 내지 못했었거든요.

"의병을 모집한다기에 정보나 들어 볼까 하고 왔습니다."

"우리도 의병 모집에 관해 이야기를 나눌까 하고 왔습니다. 혼자인 것 같으니 함께할까요?"

유비가 장비를 억지로 앉히며 말했어요. 유비는 관우의 특출한 무예 실력이 탐났어요. 무뚝뚝하고 성질이 불같은 장비에 비해, 관우의 사려 깊은 행동도 마음에 들었어요. 유비가 장비의 허리를 툭 치자 장비는 그제야 못 이기는 척 인사를 했어요.

"안녕하쇼. 지난번에 보니 칼 솜씨가 보통이 아니더군요."

"그쪽이야말로 내가 대적한 상대 중에서 단연 최고였소. 만만히 보았다가 큰일 날 뻔했지 뭐요."

관우가 추켜세우자 장비는 그제야 기분이 좋아져 술잔을 주고받았어요. 셋은 밤이 새도록 이야기를 나누었어요. 그동안 살아온 이야기, 마음속에 있는 미래에 대한 계획을 나누다 보니 어느덧 피를 나눈 형제만큼이나 가까워진 느낌이었어요. 성격은 다르지만, 서로의 뜻이 같다는 것을 알게 된 세 사람은 의형제를 맺기로 단단히 약속하고서야 헤어졌어요.

다음 날 아침, 유비, 관우, 장비는 복숭아꽃이 흐드러지게 핀 나무 아래에 다시 모였어요.

"이제 우리 세 사람은 형제의 의를 나눈 사이로 다시 태어나고자 한다. 우리는 형제의 의를 배신하지 않을 것이며 한 날, 한 시에 죽을 것을 맹세하노라!"

이렇게 세 사람은 복숭아나무 동산, 즉 도원에서 형제의 의를 맺고 천하를 위해 함께 일하기로 맹세했어요.

이때부터 사람들은 서로의 뜻을 모아 함께 일을 추진하는 것을 비유적으로 이를 때 '도원결의'라는 말을 사용하기 시작했답니다.

桃 園 結 義
복숭아 도 동산 원 맺을 결 옳을 의

복숭아(桃) 동산(園)에서 맺은(結) 의로운(義) 약속

뜻이 맞는 사람끼리 하나의 목적을 이루기 위해 행동을 같이할 것을 약속한다는 뜻이에요. 뜻이 맞는 친구와 함께한다면 무슨 일이든 즐겁게 해낼 수 있지 않을까요?

이렇게 사용하면 일취월장!
- 준형이는 나와 오래전부터 도원결의를 맺은 사이야.
- 우리 축구부는 도원결의하고 나서 친형제처럼 지내고 있어.
- 현수와 수일이는 도원결의를 맺은 것처럼 퍽 가깝게 지내더군.
- 우리 학교 합창부는 이웃 학교 합창부와 함께 지역 합창 대회에 참여하자고 도원결의를 맺고 맹연습 중이야.

이것까지 알면 금상첨화!

비 (비슷해요) 의기투합(意氣投合: 意 뜻 의, 氣 기운 기, 投 던질 투, 合 합할 합)
뜻과 기운을 서로 합친다는 뜻으로, 마음과 뜻이 서로 잘 맞는 모습을 가리킬 때 쓰는 말이랍니다. 힘을 합해 어떤 일을 해야 할 때 "우리 모두 의기투합하자!"라고 말해 볼까요?

명 (명언) 의리 없는 친구는 사귀지 말라
『명심보감』에 보면 '열매를 맺지 못하는 꽃은 심지 말고, 의리 없는 친구는 사귀지 말라.'는 말이 있답니다. 의리는 사람으로서 마땅히 지켜야 할 도리를 말해요. 친구 사이의 의리는 어려울 때 모른 척하지 않는 한결같은 우정이겠죠?

참 (참고자료) 삼국지연의
우리가 흔히 영화나 게임에서 만나는 『삼국지』는 사실 나관중이라는 사람이 지은 『삼국지연의』라는 소설이에요. 도원결의도 실제 있었던 일이 아니라 이 소설에서 만들어진 고사성어랍니다.

桃 園 結 義

맹孟모母삼三천遷

맹자 어머니의 가르침

　맹자의 어머니는 마당에서 친구들과 놀고 있는 맹자의 모습을 흐뭇하게 바라보고 있었어요. 어려서 아버지를 잃고 혹시라도 기죽어 지내지 않을까 걱정했었거든요.
　"애들아! 여기다가 땅을 파자!"
　맹자는 씩씩하게 친구들을 이끌었어요. 친구들은 맹자가 하자는 대로 우르르 몰려갔어요.
　"어머니! 작은 상자 하나만 주세요."
　"이걸로 뭘 하려고 그러니?"

맹자의 어머니가 방 안에서 작은 종이 상자를 꺼내 주며 물었어요.

"친구들과 재밌는 놀이를 하려고요."

맹자는 친구들이 있는 곳으로 신이 나게 뛰어갔어요. 그리고 받은 상자를 땅에 묻어 무덤을 만들었어요. 다음 날도, 그다음 날도, 맹자는 땅을 파고 무덤을 만들며 놀았어요.

'공동묘지 근처에 살다 보니 만날 무덤만 만들며 노는구나!'

몇 날 며칠 근심하던 맹자의 어머니는 이사를 가기로 결정하고 작은 시장 근처에 살기 시작했어요.

"맹자야, 오늘은 무엇을 했니?"

일을 마치고 모처럼 일찍 집에 들어온 어머니가 물었어요.

"여기 보세요. 오늘 친구들과 시장 놀이를 했는데 제가 돈을 제일 많이 벌었어요."

맹자가 가짜 돈을 자랑스럽게 펼쳐 보이며 이야기했어요.

"그랬구나. 그런데 오늘 해야 할 공부는 다 했니?"

"아니, 그게, 깜빡하고……. 내일은 꼭 공부부터 하고 놀게요."

맹자는 어머니와 손 붙잡고 다짐을 했지만, 다음 날도 역시 시장 놀이에 빠져 공부는 뒷전이었어요.

"맹자야, 노는 것도 좋다만 네가 해야 할 일을 먼저 해야지!"

"죄송해요, 어머니. 그런데 공부하는 것보다 돈 버는 것이 더 중요하지 않나요? 시장에서는 돈 많은 사람이 제일이던데……."

어머니는 맹자를 혼내진 않았지만, 덜컥 걱정스러운 마음이 들었어요.

'시장에서 보고 배우다 보니 돈이 최고인 줄 아는구나! 아무래도 이래선 안 되겠어.'

며칠 후, 맹자와 어머니는 다시 이삿짐을 꾸렸어요. 이번에는 서당 가까이 있는 집을 구했어요. 맹자는 금세 새 친구를 사귀고 씩씩하게 적응해 나갔어요.

"이번에는 내가 선생님이고 너희가 제자야."

"좋아! 오늘은 이 책으로 서당 놀이를 해 볼까?"

"공부 시작하기 전에 선생님께 인사드리는 것부터 해야지."

맹자의 어머니는 이 모습을 흐뭇하게 지켜보며 생각했어요.

'역시 사람은 자라는 환경이 중요하구나. 이제야 맹자를 제대로 키울 수 있겠어.'

이후 맹자는 열심히 공부하여 중국의 유명한 대학자로 자랐어요.

훗날, 사람들은 자식 교육을 위해 세 번이나 이사를 다닌 맹자 어머니의 이야기를 두고 '맹모삼천'이라는 말을 사용하기 시작했답니다.

孟母三遷

맏이 맹　어머니 모　셋 삼　옮길 천

맹자孟의 어머니母가 세三 번 집을 옮기다遷

맹자의 어머니가 아들을 바르게 키우기 위해 세 번이나 이사했다는 뜻으로, 그만큼 교육에서 환경이 중요하다는 말이에요. 더불어 좋은 친구를 사귀는 것도 가장 좋은 교육 환경이랍니다.

- 맹모삼천을 실천하기 위해서는 큰 결단이 필요해.
- 엄마는 맹모삼천하듯 좋은 피아노 선생님을 찾아다니셨어.
- 할머니는 맹모삼천의 마음으로 시골에서 도시로 나오셨대.
- 좋은 학교에 보내려고 거짓으로 주소를 옮기는 것은 비뚤어진 맹모삼천이야.

속 　**먹을 가까이하면 검어진다**
같은 속담

나쁜 친구를 사귀게 되면 자연히 나쁜 일에 물들게 된다는 뜻의 속담이에요. 사자성어로 근묵자흑(近墨者黑)이라고 하지요. 결국, 사람은 주위 환경에 따라 변할 수 있다는 말이에요.

삼밭의 쑥대

삼밭에서 자란 쑥은 삼을 닮아 곧고 크게 자란다는 뜻이에요. 좋은 환경에서 자라면 좋은 영향을 받게 된다는 속담이에요.

참 　**맹모단기**(孟母斷機: 孟 맏이 맹, 母 어머니 모, 斷 끊을 단, 機 베틀 기)
참고자료

어느 날 맹자는 하던 공부를 그만두고 집으로 돌아왔어요. 그러자 맹자 어머니는 짜던 베를 끊으며 "중도에 공부를 그만두는 것은 짜던 베를 끊는 것과 같다."고 말씀하셨어요. 어머니의 말에 큰 깨달음을 얻은 맹자는 다시 돌아가 공부에 전념했다고 해요.

히히깔깔 맹모삼천

지知음音
소리만 들어도 마음이 통하는 사이

　백아의 눈에 비친 고향의 달은 유난히 커 보였어요. 오랜만에 돌아온 고향이라 마음이 허허로웠거든요. 백아는 마을 어귀 정자에 앉아 조용히 거문고를 연주하기 시작했어요.
　"이 곡은 공자 선생님이 아끼던 제자를 생각하며 지었던 곡이군요."
　연주를 끝낸 백아는 깜짝 놀랐어요. 혼자라고 생각했는데 웬 남자가 연주를 듣고 있었던 거예요.

"놀라게 해서 죄송합니다. 나무를 하고 돌아가던 중 거문고 소리가 너무 좋아 허락도 없이 들었습니다."

허름한 옷을 입은 나무꾼이 공손하게 대답했어요. 백아는 나무꾼을 시험하려는 듯 다른 곡을 연주하기 시작했어요.

"마치 높은 산이 눈앞에 우뚝 솟아 있는 것 같네요."

순간, 백아의 심장이 콱 멎는 것 같았어요. 이건 멀리 있는 산을 바라보며 만든 즉흥곡이었거든요. 나무꾼은 거문고 연주만 듣고도 백아의 마음을 훤히 꿰뚫어 보는 것 같았어요.

"이름이 어떻게 되는지요?"

"종자기라고 합니다."

"혹시 이 곡도 맞출 수 있겠습니까?"

이내 백아의 연주가 이어졌어요. 바람을 타고 거문고 소리가 사방으로 흩어졌어요.

"넓고 푸른 바다를 꿈꾸며 흘러가는 강물 소리가 들리는 듯합니다."

"이럴 수가!"

백아는 순간 할 말을 잃었어요. 자신의 연주를 이렇게까지 정확하게 이해하는 사람은 처음이었어요. 백아는 너무나 기쁜 나머지 종자기의 손을 덥석 잡았어요.
　"내 소리를 알아주는 사람을 이제야 만났군요."
　그 후로 백아와 종자기는 마음이 통하는 둘도 없는 친구 사이가 되었어요.
　얼마 후, 백아는 나랏일을 위해 길을 떠나야 했어요. 백아는 종자기와 함께 가지 못하는 것이 아쉬웠지만, 다시 만날 날을 약속하고 길을 나섰어요.
　일 년 후, 고향에 돌아온 백아는 종자기부터 찾았어요. 하지만 웬일인지 종자기가 보이지 않았어요.
　"이상하네. 내가 돌아왔다는 소식을 들으면 제일 먼저 달려 나왔을 친구인데……. 어디가 아픈가?"
　백아는 불안한 마음에 종자기의 집으로 발걸음을 옮겼어요. 그런데 집 안에 들어서니 싸늘한 정적만이 흘렀어요.
　"종자기는 얼마 전 전염병으로 죽었다오. 어휴, 애타게 기다리던 자네 얼굴도 못 보고……."

지나가던 노인이 종자기의 소식을 전해 주었어요. 백아는 그 자리에 풀썩 주저앉고 말았어요. 그렇게 한참을 목 놓아 울다가 거문고를 들고 종자기의 무덤을 찾아갔어요.

"종자기, 자네를 위한 마지막 연주네. 나의 소리를 알아주는 친구가 없으니 이제 나는 누구를 위해 연주한단 말인가!"

백아는 가슴을 치며 탄식했어요. 그리고 연주가 끝나자마자 거문고를 부순 후, 다시는 사람들 앞에서 연주하지 않았다고 해요.

'지음'은 연주만 듣고도 속마음을 알아준 종자기와 백아의 사이에서 유래되어 마음이 통하는 친구를 이르는 말이 되었답니다.

知 音
알 지　소리 음

소리(音)를 알아듣다(知)

말하지 않아도 속마음을 알아주는 친구를 뜻해요. 눈빛만 봐도 서로의 마음을 알 수 있고 옆에 있으면 마음이 편해지는 친구. 그런 친구가 주변에 있나요? 없다면 내가 먼저 그런 친구가 되어 주세요.

- 우리는 동호회에서 우연히 만나 평생의 지음이 되었어.
- 눈빛만 봐도 척하면 척! 이제 넌 나의 둘도 없는 지음이구나!
- 배고픈 걸 어떻게 알고 떡볶이를 사왔어? 역시 넌 나의 지음이야.
- 한 사람이라도 내 마음을 알아줄 지음이 있다면 성공한 인생이라 할 수 있어.

비 **지기지우**(知己之友: 知 알 지, 己 자기 기, 之 어조사 지, 友 벗 우)
자기를 잘 알아주는 친구라는 뜻으로 줄여서 '지기'라고도 해요. 준비물을 가져오지 않아 걱정하고 있을 때, 하나 더 챙겨 왔다며 나눠 주는 친구가 있다면 "역시 넌 나의 지기지우야!"라고 말해 보세요.

막역지우(莫逆之友: 莫 없을 막, 逆 거스를 역, 之 어조사 지, 友 벗 우)
거스름이 없는 친구라는 뜻으로 마음이 맞아 거스를 수 없을 만큼 친한 친구 사이를 말해요.

속 **바늘 가는 데 실 간다**
바늘과 실이 항상 함께 하는 것처럼 서로 떨어지지 않고 같이 다니는 사이를 말해요. 단짝이 되어 늘 함께 다니는 친구들을 보고 "바늘 가는 데 실 간다더니 너희는 항상 붙어 다니는구나."라고 말할 수 있어요.

히히깔깔 지음

손으로 쓰면서 화룡점정!

| 知 | 音 | | | | | | | |

생활 속에서 얻은 깨달음

- **각주구검** * 刻舟求劍
- **기우** * 杞憂
- **모순** * 矛盾
- **사족** * 蛇足
- **새옹지마** * 塞翁之馬
- **어부지리** * 漁父之利
- **조삼모사** * 朝三暮四

각刻주舟구求검劍

강물에 빠뜨린 칼

아침 일찍부터 사람들이 강을 건너기 위해 모여 있었어요. 하지만 큰바람에 일렁이는 물결이 심상치 않아 모두 걱정하고 있었죠.

"이보게 사공, 이렇게 바람이 부는데 배가 건너갈 수 있겠나?"

짐을 잔뜩 지고 있는 노인이 걱정스레 물었어요.

"예, 걱정하지 마십시오. 이 정도 바람은 괜찮습니다."

뱃사공은 대수롭지 않은 일이라는 듯 가볍게 대답했어요.

잠시 후, 뱃사공은 사람들을 태우기 시작했어요.

"다들 어서 타시지요. 곧 출발하겠습니다."

사람들은 각자 가져온 짐을 가지고 배에 올랐어요. 칼을 꼭 끌어안은 젊은이도 뱃머리에 자리를 잡고 앉았어요. 뱃사공이 노를 젓기 시

 작하자 배는 출렁출렁 강을 건너기 위해 움직이기 시작했어요.
 "젊은이, 그 칼이 아주 소중한가 봐. 그렇게 품에 꼭 안고 있으니 말이야."
 "예, 집안 대대로 내려오는 보검이지요."
 젊은이는 자랑스럽게 칼을 들어 보였어요.
 "어쩐지 아주 귀해 보이는구먼."
 노인이 눈을 반짝이며 관심을 보이자 젊은이는 어깨가 으쓱했어요. 그리고는 품에서 칼을 꺼내 노인에게 보여 주었어요. 옆에 있던 사람들도 칼을 보며 감탄했어요. 절로 신이 난 젊은이는 칼을 칼집에서 꺼내 보이기까지 했어요.

그렇게 한창 칼을 자랑하고 있을 때였어요. 파도가 크게 일더니 한순간 배가 출렁거렸어요.

"어이쿠!"

젊은이가 중심을 잃고 비틀거리며 쓰러졌어요. 그 바람에 들고 있던 칼이 강물에 빠지고 말았어요. 재빨리 손을 뻗어 잡으려고 했지만, 칼은 금세 강물 속으로 사라져 버렸어요.

"앗! 내 보검!"

젊은이는 깊은 강물을 들여다보며 어쩔 줄 몰라 발을 동동 굴렀어요. 그러다가 갑자기 뭔가 생각난 듯 손을 탁 마주쳤어요.

"맞아! 이럴 때가 아니야!"

젊은이는 주머니에서 작은 칼을 꺼내 보검을 떨어뜨린 자리의 배 난간을 긁어댔어요. 옆에 있던 노인이 젊은이의 행동을 이상하게 여겨 물었어요.

"이봐, 젊은이! 뭐하는가?"

"보검을 떨어뜨린 자리를 표시해 두고 있습니다. 배에서 내리면 꼭 다시 찾으려고요."

표정까지 비장한 젊은이의 행동에 사람들은 헛웃음을 쳤어요. 노인이 혀를 끌끌 차며 말했어요.

"이런 어리석은 사람이 있나? 배가 움직인 것은 생각도 하지 않고 여기다 표시를 해 두다니, 쯧쯧."

이때부터 사람들은 미련한 젊은이처럼, 융통성이 없이 옛일만 기억하여 고집하는 어리석은 행동을 두고 '각주구검'이라고 말하기 시작했답니다.

刻 舟 求 劍
새길 각　배 주　구할 구　칼 검

배(舟)에 표시를 새겨(刻) 칼(劍)을 구하다(求)

어리석고 미련하여 융통성이 없다는 뜻이에요. 세월이 흘러 세상은 변하는데 옛날 것만 고집하고 있지는 않나요? 변화를 두려워하는 미련한 사람이 되지 마세요.

- 각주구검의 태도를 버리고 새로운 변화를 받아들이자!
- 잃어버린 물건을 한 곳에서만 찾는 것은 각주구검과 같은 행동이야.
- 더 좋은 기계가 생겼는데 아직도 옛날 방식을 고집하다니 옛날 각주구검하던 사람과 똑같은 것 같아.

비 **수주대토**(守株待兎: 守 지킬 수, 株 그루터기 주, 待 기다릴 대, 兎 토끼 토)
그루터기를 지키며 토끼를 기다린다는 뜻이에요. 한 농부가 밭을 갈다가 그루터기에 부딪혀 죽은 토끼를 보았어요. 농부는 그 토끼를 장에 내다 팔아 돈을 두둑이 챙겼죠. 그 후로 농부는 매일 그루터기 옆에서 토끼가 부딪혀 죽기만 기다렸어요. 하지만 그런 일은 다시 일어나지 않았고 결국 농부는 농사를 망치고 말았지요. 수주대토 역시 한 가지 일에 얽매여 발전하지 못하는 어리석은 사람을 이르는 말이에요.

속 **하나만 알고 둘은 모른다**
사물의 한 면만 보고 두루 보지 못한다는 뜻으로 융통성이 없고 미련하다는 말이에요. "방학을 빨리했다고 무조건 좋아할 일은 아니야. 그만큼 개학이 빨라지는 거니까. 너는 하나만 알고 둘은 모르는구나."라고 사용할 수 있어요.

刻 舟 求 劍

기杞우憂
이래도 걱정 저래도 걱정

　옛날, 중국 기나라에 항상 걱정이 가득한 사람이 살고 있었어요. 이 사람은 온종일 안심이 되지 않아 아무 일도 할 수 없었어요. 나무를 하러 산에 갔다가도 빈손으로 돌아오기 일쑤였지요.
"이보게, 오늘은 왜 또 그냥 오는가?"
지나가던 마을 사람이 한심하다는 듯 쳐다보며 물었어요.
"나무를 하다가 혹시라도 그 밑에 깔릴까 봐 걱정이 돼서……."
"쯧쯧쯧, 저렇게 쓸데없는 걱정이 많아서 어떻게 살아?"

마을 사람이 혀를 끌끌 차며 고개를 저었어요.

어느 날 아침, 기나라 사람은 또 얼굴에 걱정을 한가득 달고 집을 나섰어요. 그때였어요. 때마침 집 앞 감나무에서 덜 익은 열매가 '툭' 하고 떨어지는 거예요.

"에구머니나!"

기나라 사람은 기겁하며 후다닥 방 안으로 쏙 들어갔어요. 그 후 며칠 동안 이불을 뒤집어쓰고 나오지도 못하더니 결국 끙끙 앓아눕고 말았지요.

"이보게 친구, 안에 있나?"

오랫동안 기나라 사람이 보이지 않자 친구가 찾아왔어요.

"아니, 이 사람! 무슨 일이야?"

얼굴에 핏기도 없이 바짝 마른 기나라 사람을 보고 친구가 깜짝 놀라 물었어요.

"에구, 요즘 내가 걱정 때문에 밥도 못 먹고 잠도 못 자서 그러네."
"걱정? 무슨 걱정이기에 밥도 못 먹나?"
"이보게 친구, 만약에 하늘이 무너지면 어쩌지?"

기나라 사람이 친구의 손을 잡고 울먹거리며 말했어요. 그 모습이 어찌나 진지하던지 웃음이 나올 지경이었어요.

"하하하, 여보게 하늘은 공기로 이루어진 것이야. 우리가 숨을 쉴 때 들어갔다 나왔다 하는 이 공기 말이야. 그러니 하늘은 지붕처럼 무너지거나 하는 것이 아니란 말이지."

"그래? 그렇담 혹시 하늘에 달린 해와 달이 떨어지면 어쩌지? 감처럼 툭 떨어질 수도 있지 않나?"

"어이쿠, 해와 달은 저 멀리서 빛나는 빛일 뿐이야. 그러니 설사 떨어진다 해도 손끝만치도 다치는 일은 없으니 걱정 붙들어 매게."

"정말 다행이군. 그래도 땅은 곧 꺼지겠지?"

기나라 사람의 걱정은 그야말로 끝이 없었어요.

"땅은 흙덩이가 모여서 이루어진 것인데 어떻게 꺼지나? 빈틈이 없이 이렇게 가득 차 있으니 우리가 밟고 뛰어도 끄떡없다네!"

"그 말이 참말인가? 그런데 자네는 언제부터 이렇게 아는 것이 많았나? 덕분에 걱정이 조금은 사라졌어."

기나라 사람은 그제야 환한 표정을 지었어요.

사람들은 이런 기나라 사람을 보고, 기나라 사람의 걱정이란 뜻의 '기우'를 쓸데없는 걱정을 한다는 말로 사용하기 시작했답니다.

杞憂
나라 이름 기 근심 우

기나라(杞) 사람의 근심(憂)

쓸데없는 걱정, 안 해도 될 근심을 이르는 말이에요. 일어나지도 않은 일에 쓸데없이 걱정하며 한숨짓기보다 무엇이든 용기를 가지고 직접 부딪혀 보세요.

- 그 친구는 소심해서 항상 기우에 사로잡혀 있어.
- 지나친 기우로 아무 일도 안 하는 건 어리석은 짓이야.
- 비가 올 줄 알고 빨래를 다 걷어 두었는데 괜한 기우였군.
- 실수하지 않을까 걱정했는데 이제 보니 쓸데없는 기우였어.

비 **노파심**(老婆心: 老 늙을 로, 婆 할머니 파, 心 마음 심)
늙은 할머니의 마음이란 뜻으로 지나치게 남의 일을 걱정하고 염려하는 마음을 말해요. 할머니는 오랫동안 살아오시면서 별의별 일을 다 겪으셔서 혹시나 하는 마음에 걱정 보따리를 풀어놓으시지요. 이제부터는 할머니의 말을 괜한 잔소리로 듣기보다 사랑이 담긴 걱정으로 들어 보세요.

군걱정
'군'이라는 말은 쓸데없다는 뜻이 있어서 쓸데없이 하는 걱정을 군걱정이라고 해요. 기우의 순우리말 표현이지요.

속 **걱정이 반찬이면 상발이 무너진다**
반찬이 많으면 상다리가 휘어진다는 말처럼 걱정이 많아 상다리가 무너지겠다는 말이죠. 쓸데없이 걱정만 하고 밥도 제대로 먹지 않는 사람을 이를 때 사용하는 속담이랍니다.

杞 憂

모矛순盾
도무지 앞뒤가 안 맞는 소리

　며칠 전부터 갑작스럽게 추워진 날씨 탓인지 오늘따라 시장은 유난히 한산했어요. 가끔 오가는 사람도 물건만 들춰볼 뿐 금세 종종걸음으로 지나가 버렸어요.
　"휴, 난리 통이라 그런지 무기만 잘 팔리고 우리 같은 장사꾼은 굶어 죽게 생겼네."
　헌책을 모아 파는 장사꾼이 긴 한숨을 내쉬며 말했어요.

"그러게 말이야. 그런데 저 젊은이는 처음 보는데?"

옆에 있던 떡장수가 창과 방패를 늘어놓는 젊은이를 보며 말했어요.

"이보게 젊은이, 여기서 창과 방패를 팔려고 하나? 저기 옆에도 무기 장수가 있는데……."

"괜찮습니다. 장사가 처음이기는 해도 자신 있습니다."

젊은이는 의욕이 넘쳤어요. 좋은 무기는 날개 돋친 듯 팔려 나간다는 소문을 듣고 오래전부터 계획하고 준비한 장사였거든요.

"자, 창 사세요. 날카롭고 좋은 창을 싼값에 드립니다. 창 사세요."

젊은이가 목청껏 소리를 질렀어요. 하지만 사람들은 시큰둥하게 바라보고 지나가 버렸어요. 젊은이는 반나절이 지나도록 작은 칼 하나도 팔지 못했어요.

"장사가 쉽지 않지? 물건이 별로 안 좋아서 그런 거 아닌가? 허허."

옆에 있던 무기 장수의 말에 젊은이는 은근히 약이 올랐어요. 한참 동안 뚫어져라 창을 바라보던 젊은이가 벌떡 일어났어요.

"자자, 여기 좀 보십시오. 세상에서 제일 날카롭고 튼튼한 창입니다. 나라에서도 인정한 녹슬지 않는 특수 창! 이 창은 못 뚫는 게 없어요. 구경 한번 하세요!"

젊은이의 말에 지나가던 노인이 솔깃이 관심을 보였어요.

"이 창으로 못 뚫는 게 없다고?"

"그럼요. 이렇게 뾰족하고 날이 선 창 보셨습니까? 제아무리 두꺼운 방패라도 못 막는다니까요."

젊은이가 신이 나서 떠들어 대자 사람들이 너도나도 앞다퉈 창을 사기 시작했어요.

"저 방패도 좀 보여 주쇼."

창을 고르던 사람이 방패를 가리키며 말했어요.

"아! 이 방패요? 잘 보셨습니다. 이 방패로 말하자면 세상에서 제일 튼튼한 방패죠. 얼마나 단단하지 아무리 날카로운 창이라도 절대 못 뚫는다니까요."

젊은이가 방패를 집어 들고 자랑을 늘어놓았어요. 그때, 아버지와 함께 시장 구경을 나왔던 어린아이가 호기심 어린 눈으로 물었어요.

"아저씨, 그러면 저 창으로 그 방패를 찌르면 어떻게 돼요? 누가 이기는 거예요?"

아이의 질문에 젊은이는 턱 하고 말문이 막혔어요. 시끌시끌하던 주변이 순간 조용해지고 사람들은 젊은이의 대답을 기다렸어요.

우물쭈물하던 젊은이의 얼굴이 순식간에 벌겋게 달아올랐어요. 그

러더니 주섬주섬 창과 방패를 챙겨 후다닥 도망쳐 버렸답니다.

  그 후로 사람들은 창과 방패라는 뜻의 '모순'을 말이나 행동이 앞뒤가 맞지 않을 때 사용하기 시작했답니다.

矛盾
창 모　방패 순

창矛과 방패盾

앞뒤가 서로 맞지 않는 말이나 행동을 뜻해요. 위기의 순간을 넘기기 위해 모순된 말과 행동을 계속한다면 점점 나를 믿어주는 사람이 없어질 거예요. 정직이 최고의 방법이라는 것을 명심하세요.

이렇게 사용하면 일취월장!

- 네가 쓴 글은 앞뒤가 맞지 않는 모순투성이야.
- 세상에! 사면 돈 버는 물건이라니! 그런 모순이 어딨어?
- 춥다면서 그렇게 짧은 바지를 입다니 모순된 행동 아니야?
- 현실과 모순된 법은 지금 상황에 맞게 바꾸는 것이 마땅해.
- 외모는 보지 않는다면서 키 큰 사람만 좋아하는 것은 모순이야.
- 철새 도래지 위에 친환경 공장을 세우는 것은 모순된 행동이야.

이것까지 알면 금상첨화!

비 (비슷해요)

이율배반(二律背反: 二 둘 이, 律 법칙 률, 背 배반할 배, 反 배반할 반)
두 가지 법칙이 서로 반대된다는 뜻이에요. 가축이 불쌍해서 채식을 한다면서 가죽옷을 즐겨 입는다면 "이율배반적이다."라고 말할 수 있어요.

아이러니(Irony)
어떤 행동이나 말에 모순된 점이 있을 때 '아이러니하다.'라는 말을 사용하기도 한답니다. 다이어트를 하겠다고 밥은 적게 먹으면서 간식을 잔뜩 먹는다면 아이러니한 행동이라고 말할 수 있죠.

참 (참고자료)

앞뒤가 맞지 않는 속담
'아는 것이 힘'이라더니 '모르는 게 약'이래요. 우리 속담에는 이처럼 모순된 표현들이 종종 있답니다.

히히깔깔 모순

矛 盾

사蛇족足

뱀에 다리를 그리다

"에이, 이게 뭔가? 주려거든 많이나 주지. 사람이 몇인데 겨우 술 한 사발이라니."

"쯧쯧, 하여튼 있는 사람들이 더 인색하다니까."

하인들은 불평하면서도 주인이 준 술잔에서 눈을 떼지 못한 채 빙 둘러앉았어요.

"그래도 제사 지낼 때 쓰고 남은 귀한 술이라고 하지 않나? 수고했다고 같이 나눠 마시라 했으니 조금씩 돌려 마시지 뭐."

늙은 하인이 다른 사람들을 둘러보며 다독였어요. 그리고 막 술잔

을 잡으려는 순간이었어요.

"잠깐! 형님 잠깐만 기다리쇼. 이왕 이렇게 된 거, 내기해서 이긴 사람이 다 마시는 걸로 합시다."

"그럽시다. 이까짓 것 돌려 마셔 봐야 간에 기별도 안 갈 것이니."

하인들은 서로서로 맞장구를 쳤어요. 그러더니 신발 멀리 던지기 내기를 하자, 돌로 맞히기 내기를 하자는 둥 이러쿵저러쿵 입씨름을 벌이기 시작했어요.

"아이고, 이러다 해 저물겠네."

하인 하나가 짜증을 내며 툴툴거렸어요.

"그냥 뱀 그리기 내기나 하지요? 땅바닥에 뱀을 제일 먼저 그리는

사람이 이기는 겁니다."

하인들은 더는 시간을 끌기 싫었어요. 그래서 어린 하인이 하자는 대로 뱀을 먼저 그리는 사람이 술을 다 마시기로 했어요.

"무조건 제일 먼저 그리는 사람이 이기는 겁니다."

어린 하인은 이길 자신이 있다는 듯 다시 한 번 다짐을 받았어요. 하인들은 고개를 끄덕이며 동의했어요. 그리고는 시작 소리와 함께 각자 뱀을 그리기 시작했어요.

"어? 가만있어 보자. 뱀 머리가 세모인가? 둥그런가?"

콧수염을 기른 하인이 뱀을 그리기 시작하자마자 난감해했어요. 다들 우물쭈물하며 그렸다가 지우기를 반복하는 사이, 제일 어린 하인이 술잔을 냅다 집어 들었어요.

"저는 다 그렸습니다. 그러니 이 술은 제 것이 맞지요?"

어린 하인은 다른 하인들의 그림을 둘러보며 놀려 댔어요.

"아이고, 아직 몸통도 제대로 못 그리셨네. 나는 그 시간이면 발까지도 그리겠네."

어린 하인이 한 손에 술잔을 들고 다른 한 손으로 뱀에 다리를 그려 넣었어요. 그때였어요. 늙은 하인이 어린 하인의 손에 있던 술잔을 휙 빼앗아 들었어요. 다들 눈이 휘둥그레졌어요.

"아니 왜 이러십니까? 뱀을 제일 먼저 그린 사람이 술을 마시기로 정하지 않았습니까?"

"그랬지. 그러니까 이 술은 내 것이지. 봐라. 뱀을 다 그렸지 않냐?"

"제가 먼저 그렸습니다!"

"허허, 세상에 다리 달린 뱀이 어디 있는가? 그러니 자네가 그린 것은 뱀이 아니지!"

늙은 하인은 어린 하인에게 대꾸하고는 술을 홀짝 마셔 버렸어요. 어린 하인은 뒤늦게 뱀에 다리까지 그린 것을 후회했지만 이미 소용없었어요.

그 후로 사람들은 뱀에 다리를 그려 넣는 것처럼 쓸데없는 짓을 하는 것을 두고 '사족'이라고 말하기 시작했답니다.

蛇 足
뱀 사　　발 족

뱀蛇의 다리足

쓸데없는 짓을 해서 일을 망치는 경우를 이르는 말이에요. 욕심이 지나치다 보면 더 잘하고 싶은 마음 때문에 사족을 다는 경우가 있어요. 항상 넘치는 것은 부족한 것과 같다는 것 잊지 마세요!

- 마지막 문장은 사족인 것 같으니 빼는 게 어떨까?
- 굳이 사족을 달자면 넌 가끔 박자를 놓친다는 거야.
- 마지막에 넣은 소금이 사족이었나 봐. 맛이 너무 짜.
- 그런 변명은 사족일 뿐이야. 솔직하게 잘못을 인정하라고.
- 교장 선생님의 말씀은 사족이 많아서 조회 시간이 너무 길어.
- 수영장에서 안전 수칙을 말하는 것은 결코 사족이 될 수 없어.

반 **거두절미**(去頭截尾: 去 없앨 거, 頭 머리 두, 截 끊을 절, 尾 꼬리 미)
머리와 꼬리를 잘라 버린다는 말이에요. 그러면 어떻게 될까요? 몸통만 남겠죠? 거두절미는 앞뒤의 필요 없는 부분은 빼고 중요한 핵심만 간단히 말한다는 뜻이에요.

속 **긁어 부스럼**
긁지 않았으면 부스럼도 나지 않았을 텐데 괜히 긁어서 걱정을 더 키운 경우를 이르는 속담이랍니다. 공연히 필요 없는 행동을 해서 오히려 손해를 보게 한 어리석은 사람에게 하는 말이죠. 같은 뜻의 속담으로 '아무렇지도 않은 다리에 침놓기'라는 말도 있답니다.

蛇 足

새塞옹翁지之마馬

복이 될지 화가 될지

"아버지, 아버지! 나와 보세요. 큰일 났어요."
"무슨 일로 아침부터 이리 소란이냐?"
노인은 아들의 다급한 목소리에도 아랑곳하지 않고 느긋하게 신발을 꿰어 신었어요.
"말이 없어졌어요. 마구간이 텅 비었다고요."
답답한 아들이 아버지의 손을 이끌고 마구간으로 갔어요. 과연 풀린 고삐만 아무렇게나 떨어져 있고 말은 보이지 않았어요. 아들은 속상한 마음에 말 발자국을 따라 한참을 찾아다녔지만 헛수고였어요.

"어휴, 이 일을 어찌해요? 지금까지 힘들게 키워 온 말인데……."

"어쩔 수 없지. 누가 알겠니? 이 일이 도리어 복이 될지."

노인은 뒷짐을 지고 돌아서며 아무렇지도 않게 말했어요.

몇 달 후, 아들이 마당에서 또 호들갑을 떨었어요. 이번에는 연신 싱글벙글 얼굴에 웃음기가 가득했어요.

"아버지, 이것 좀 보세요. 집 나갔던 말이 돌아왔어요. 그리고 어디서 만났는지 암말도 데리고 왔더라고요."

"어머나, 복도 많으셔라. 달아났던 말이 색시까지 데리고 왔으니 얼마나 좋으시겠어요."

마을 사람들도 자기 일처럼 기뻐해 주었지만, 노인만은 별로 좋아하는 기색이 없었어요.

"이 일이 오히려 화가 될지 누가 알겠소?"

노인의 알쏭달쏭한 말에 사람들은 고개를 갸웃거렸어요. 그러거나 말거나 아들은 말이 두 마리나 생겨 신이 났어요.

"에이, 아버지도 참. 이렇게 좋은 일이 왜 화가 된다고 그러세요?"

그날부터 아들은 새로 온 말을 길들이기 시작했어요.

"녀석, 볼수록 마음에 쏙 든단 말이지. 이제 슬슬 달려 볼까? 이럇!"

아들이 말의 옆구리를 발로 툭 하고 치자마자 말이 천방지축으로 날뛰기 시작했어요. 그 바람에 아들은 말에서 나가떨어져 다리가 부러지는 큰 부상을 입고 말았지요.

"에구, 하나밖에 없는 아들이 절름발이가 되었다지?"

"그러게요. 말 한 마리가 공짜로 생겼다고 좋아했는데 꼭 좋은 일도 아니었나 보네."

마을 사람들이 노인의 집 앞에 모여 쑥덕거렸어요. 하지만 노인은 못 들은 척하고 무심히 지나치며 한마디 했어요.

"이번 일로 좋은 일이 생길지 또 누가 알겠나?"

일 년 후, 오랑캐가 쳐들어와 나라 안이 발칵 뒤집혔어요. 마을의 젊은이들은 모두 전쟁터로 끌려 나가 목숨을 잃거나 크게 다쳤어요. 하지만 아들은 다친 다리 때문에 전쟁터에 나가지 않아도 되었어요.

"후유, 이제 보니 다리를 다친 것이 꼭 나쁜 일은 아니었구나. 아버지 말씀대로 좋은 일이 화가 되기도 하고 나쁜 일이 복이 되기도 하는 거였어."

그 후로 사람들은 살아가면서 겪는 모든 일이 늘 돌고 돌기 때문에 어떤 일이 좋고 나쁜 것인지 미리 알 수 없다는 뜻으로 '새옹지마'를 사용하기 시작했답니다.

塞翁之馬

변방 새 늙은이 옹 어조사 지 말 마

변방(塞)에 사는 늙은이(翁)의(之) 말(馬)

세상일의 좋고 나쁨을 예측할 수 없다는 뜻이에요. 좋은 일이 생겼다고 너무 자만할 것도, 불행한 일이 생겼다고 너무 낙심할 것도 없어요. 살다 보면 먹구름 뒤에 햇볕이, 햇볕 뒤에 먹구름이 몰려 올 수 있으니까요.

- 기운 내! 누가 알아? 새옹지마라고 더 좋은 일이 생길지.
- 새옹지마라는 말이 있잖아? 잘될 때 좀 더 겸손해야겠어.
- 작년에 꼴찌였다고 올해도 꼴지랴? 인생사 새옹지마라고!
- 인생사 새옹지마라더니 나에게 이런 행운이 찾아올 줄이야!
- 오디션마다 떨어지더니 대스타가 되었네. 딱 새옹지마구나!
- 지금은 가난하지만, 새옹지마라고 언젠가는 볕들 날이 올 거야.

비 **전화위복**(轉禍爲福: 轉 바꿀 전, 禍 재앙 화, 爲 될 위, 福 복 복)
화가 바뀌어 오히려 복이 된다는 뜻이에요. 어떤 불행한 일이라도 노력과 의지만 있다면 행복으로 바뀔 수 있다는 말이랍니다. 그러니 실패로 어깨가 축 처져 있는 친구가 있다면 "이번 일이 전화위복이 될지 누가 알아? 힘내서 다시 도전해 봐."라고 격려해 주세요.

속 **음지가 양지 되고 양지가 음지 된다**
음지는 해가 들지 않는 그늘진 곳이고 양지는 햇볕이 잘 드는 곳이지요? 그러니 음지가 양지 된다는 것은 어둡고 나쁜 일이 좋은 일로 바뀐다는 뜻이에요. 결국, 음지가 양지 되고 양지가 음지 되는 것은 세상 모든 일이 돌고 돈다는 거예요.

히히깔깔 새옹지마

손으로 쓰면서 화룡점정!

塞翁之馬

어漁부父지之리利

어부만 좋은 일

　유유히 흐르고 있는 커다란 강. 깊은 물 속에 큼지막한 조개가 한 마리 살고 있었어요. 하루는 조개가 햇볕을 쬐기 위해 강가로 나왔어요.
　"참! 게딱지가 새를 조심하라고 했지? 혹시나 나를 휙 낚아채면 안 되니 잘 살펴봐야지."
　조개가 주변을 둘러봤지만 오늘따라 새는 한 마리도 보이지 않았어요. 조개는 마음 놓고 껍데기를 있는 힘껏 벌린 채 쉬고 있었어요.

그때, 저 멀리서 도요새가 날아가다가 이 모습을 봤어요.

"이게 웬 떡이냐! 마침 점심거리가 필요했는데."

도요새는 잽싸게 날아와 조갯살을 콕 쪼았어요.

"아야!"

조개는 깜짝 놀라 입을 앙다물어 버렸어요. 그 바람에 도요새의 부리가 조개껍데기 사이에 꽉 끼고 말았어요. 도요새는 조개를 털어 내려고 머리를 흔들었지만, 조개는 쉽게 놓아주지 않았어요.

"이거 놔!"

"네가 먼저 놔! 그러면 나도 놓을 테니까!"

둘은 서로 먼저 놓으라며 티격태격했어요.

"너, 내가 여기서 계속 물고 있으면 물에 들어가지 못해서 말라 죽을걸?"

도요새가 다물어진 부리 사이로 겁을 주며 말했어요.

"너야말로 내가 입을 안 벌려 주면 굶어 죽고 말걸?"

조개도 앙다문 껍데기 사이로 코웃음을 치며 말했어요.

도요새는 조개를 바윗돌까지 가져가서 깨 보기로 마음먹었어요. 하지만 조개가 워낙 크고 무거워서 걷기도, 날기도 쉽지 않았어요. 둘은 그렇게 한참 동안 엎치락뒤치락하며 서로 조금도 양보하지 않았어요.

"이제 그만 껍데기 좀 벌려라."

뙤약볕에 도요새는 더 이상 머리를 흔들 힘도 없었어요.

"그러면 네가 나를 홀랑 잡아먹으려고? 너야말로 내 살을 먼저 놓으라고."

조개도 지칠 대로 지쳐 간신히 대답했어요. 둘은 놓지도 못하고 잡아먹지도 못하는 상황이 되어 버렸어요.

그런데 그때 마침, 고기잡이를 마치고 집으로 돌아가던 어부가 이 모습을 보게 되었어요.

"도요새가 왜 여기 쓰러져 있지?"

어부가 다가오자 도요새는 조개를 떼어 내고 달아나려 마지막 안간힘을 다했어요. 하지만 이미 어부의 손에 목덜미를 잡힌 뒤였어요.

"아니, 이게 웬 횡재야? 도요새에 조개까지? 저녁 찬거리가 푸짐하겠구먼."

뜻하지 않게 도요새와 조개를 한꺼번에 잡고 신이 난 어부는 어깨를 들썩이며 집으로 갔어요.

이후 '어부지리'는 도요새와 조개처럼 두 사람이 싸우는 사이에 의도하지 않은 다른 사람이 이득을 보는 경우를 일컫는 말이 되었답니다.

漁父之利

고기 잡을 **어** 아버지 **부** 어조사 **지** 이로울 **리**

어부漁父의之 이득利

두 사람이 서로 싸우는 사이에 엉뚱한 사람이 이익을 얻게 된다는 뜻이에요. 눈앞의 이익만 생각하다 보면 손해를 보는 경우도 생길 수 있으니 양보의 미덕을 발휘할 줄도 알면 좋겠죠?

- 어부지리로 얻은 이익이니 함께 나눠 갖자.
- 브라질과 이탈리아가 비기자 프랑스가 어부지리로 월드컵 4강에 진출했어.
- 막강한 두 반장 후보가 서로 헐뜯는 바람에 어부지리로 다른 후보가 반장이 되었어.
- 1등인 선수가 2등인 선수를 붙잡고 넘어지는 통에 3등인 선수가 어부지리로 우승을 차지했어.

동 **방휼지쟁**(蚌鷸之爭: 蚌 조개 방, 鷸 도요새 휼, 之 어조사 지, 爭 다툴 쟁)
방휼지쟁은 조개와 도요새의 다툼이란 뜻이에요. 어부지리와 같은 이야기에서 유래한 고사성어죠. 다만 어부의 입장이냐 조개와 도요새의 입장이냐에 따라 다르게 표현될 뿐이에요. 비슷한 뜻의 성어로는 개와 토끼의 다툼이란 뜻의 견토지쟁(犬兔之爭)이 있어요.

속 죽 쑤어 개 좋은 일 하였다
애써 한 일이 엉뚱한 사람에게만 좋은 일이 되었을 때 사용하는 속담이에요. 좋아하는 친구에게 주려고 정성껏 준비한 초콜릿을 다른 친구가 홀랑 집어 먹었을 때 "죽 쑤어 개 좋은 일 했구나!"라고 표현할 수 있어요.

히히깔깔 어부지리

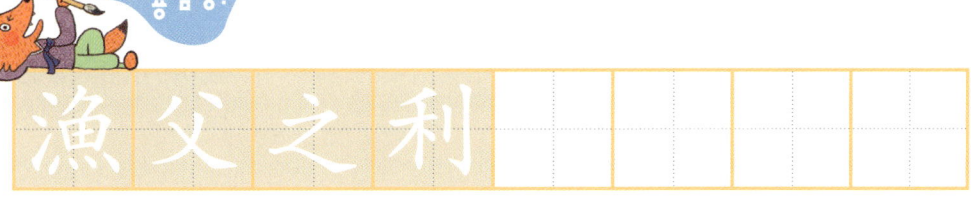

漁 父 之 利

조朝삼三모暮사四

알고 보면 마찬가지

"얘들아, 밥 먹을 시간이다!"

저공이 도토리 열매가 가득 들어 있는 자루를 들고 나타나자 원숭이들이 그 앞으로 쪼르르 달려왔어요. 저공은 많은 원숭이를 일일이 안아 주며 먹이를 나눠 주었어요.

"더 주세요. 더 주세요."

어린 원숭이가 폴짝폴짝 뛰며 먹이 자루를 가리켰어요.

"배가 많이 고팠구나. 자, 여기 있다. 많이 먹고 오늘은 더 멋진 재주를 보여 다오."

"걱정하지 마세요. 재미나게 보여 드릴 테니까."

옆에 있던 까불이 원숭이가 뒤로 재주를 넘으며 안심하라는 듯 가볍게 말했어요. 하지만 저공은 걱정이 가득했어요. 사실 이제는 살림살이가 어려워져 먹이를 살 돈이 없었거든요.

'어휴, 가뭄이 심해 도토리 열매를 찾기도 힘들고, 벌이도 시원치 않으니…….'

저공은 돌아서서 긴 한숨을 내뱉었어요.

그날도 저공은 원숭이를 데리고 시장으로 갔어요. 사람들 앞에서 신이 난 원숭이들은 갖가지 재주를 부렸어요. 사람들은 신기한 구경거리에 발길을 멈추고 한참을 구경했어요. 하지만 흉년이 들어 모두 어려운 처지라 돈을 내는 사람은 몇 안 되었어요.

'이러다가 식구들도 굶게 생겼군. 안 되겠어, 뭔가 방법을 마련해야지.'

돈 항아리의 돈을 세어 보던 저공은 심각한 얼굴이 되었어요.

며칠 후, 저공은 반도 채 남지 않은 먹이 자루를 들고 원숭이 우리로 갔어요. 오늘도 원숭이들은 저공의 품에 폭 안기거나 재주를 보여 주며 애교를 부렸어요. 저공은 그동안의 시름은 잠깐 잊고 원숭이들과 즐겁게 놀았어요. 그때, 한 원숭이가 먹이 자루를 가리키며 배고프다고 조르기 시작했어요.

"도토리 주세요. 배고파요."

"그래, 배고프지? 그런데 요즘 먹이 구하기가 어렵단다. 그래서 말인데 오늘부터는 도토리를 아침에 세 개, 저녁에 네 개씩 주마. 그러니까 지금은 세 개씩만 먹자."

저공의 말에 원숭이들은 펄쩍펄쩍 뛰며 난리를 피웠어요.

"말도 안 돼요. 이렇게 배가 고픈데 세 개만 먹으라니요?"

우리 안은 금방 아수라장이 되었어요. 저공은 잠시 생각에 잠긴 척 하더니, 큰 결심이라도 한 듯 숨을 들이마셨어요.

"그래, 좋아! 그러면 아침에 네 개, 저녁에 세 개를 주마. 어떠냐?"

저공의 말에 원숭이들은 그제야 소란을 멈췄어요.

"그래, 그 정도는 돼야 먹고 힘을 쓰지."

"후유, 배불리 먹게 되어서 정말 다행이야."

원숭이들은 신이 나서 빙글빙글 돌며 손뼉까지 쳤어요. 저공은 슬며시 미소를 지었어요.

이때부터 사람들은 잔꾀를 부려 남을 속이거나 당장의 차이에만 신경 쓰는 어리석은 상황을 '조삼모사'라고 말하기 시작했답니다.

朝 三 暮 四
아침 조 셋 삼 저녁 모 넷 사

아침朝에 세三 개 저녁暮에 네四 개

눈앞에 보이는 차이만 알고 결과가 같은 것을 모르는 어리석은 상황을 비유할 때 쓰여요. 눈앞의 이익만을 생각하지 말고 크게, 넓게 보는 눈을 가진 지혜로운 사람이 되세요.

- 조삼모사로 속이려고 하지 말고 근본적인 문제를 해결해라.
- 그럴듯하게만 포장하는 조삼모사식의 선거 공약은 사라져야 해.
- 방학이 길어지고 평소 수업 시간이 늘어난다면 조삼모사와 다를 것이 없어.
- 하나를 사면 하나를 더 주는 거나 하나를 절반 가격으로 할인하는 거나 어차피 똑같은 조삼모사야.

비 감언이설(甘言利說: 甘 달 감, 言 말씀 언, 利 이로울 리, 說 말씀 설)
듣기 좋은 달콤한 말과 이로운 조건만 내세워 상대방을 꾀는 말을 감언이설이라고 해요. 대부분 거짓말이거나 아부하기 위한 과장된 말일 경우가 많답니다.

속 눈 가리고 아웅
이미 다 알고 있는데 얕은수로 남을 속이려고 한다는 속담이에요. 일기장에 날짜만 슬쩍 바꿔서 냈을 때 선생님께서 "눈 가리고 아웅이 따로 없지. 내가 모를 줄 알았니?"라고 말씀하신다면 이미 다 알고 있다는 뜻이랍니다.

제 꾀에 제가 넘어간다
꾀를 내어 남을 속이려다 도리어 자기가 그 꾀에 속아 넘어간다는 뜻이에요. 비슷한 속담으로 '제 눈 제가 찌른다.'라는 말도 있답니다.

조삼모사

朝 三 暮 四

상황에 대처하는 지혜와 자세

개과천선 * 改過遷善
교토삼굴 * 狡兔三窟
완벽 * 完璧
일거양득 * 一擧兩得
환골탈태 * 換骨奪胎

개改과過천遷선善

새 사람이 된 주처

"저기 주처가 와요!"

지나가는 말 한마디에 사람들이 흩어지기 시작했어요. 조금 전까지 신 나게 놀던 아이들도 놀란 토끼 눈이 되어 어디론가 숨어 버렸어요.

"뭐야! 왜 나만 나타나면 다들 사라지는 거야?"

주처가 붉으락푸르락하며 씩씩거렸어요. 힘깨나 쓰게 생긴 주처가 화를 내자, 지나가는 강아지도 꼬랑지를 내리고 벌벌 떨었어요.

"어휴, 성질머리하고는. 어려서 부모를 잃더니 순 깡패가 다 되었네."

주처의 귀에 몰래 수군거리는 소리가 들렸어요.

"내가 뭘 어쨌는데? 이제부터 착한 사람이 되겠다잖아!"

주처가 모두 들으라는 듯 바락바락 소리를 질렀어요. 그때, 나무 아래서 쉬고 있던 늙은 노인이 콧방귀를 뀌며 말했어요.

"이놈아! 네가 그동안 이유 없이 두들겨 팬 사람이 몇 명이고, 깨부순 물건이 얼마인데 말 한마디로 널 믿어 주겠느냐?"

"앞으로는 안 그런다고요! 진짜예요. 이제 철들었다니까요!"

주처가 억울하다는 듯 툴툴거렸어요.

"이 세상에 세 가지 해로운 것이 있는데 그것이 무엇인 줄 아느냐?"

노인의 뜬금없는 질문에 주처는 아무 대답도 못 하고 눈만 끔뻑거렸어요.

"하나는 남산에 사는 호랑이고 또 하나는 장교 아래에 사는 용, 그리고 마지막 하나는 주처, 바로 너다 이놈아!"

노인이 지팡이로 주처의 머리를 콩 내리쳤어요. 주처는 눈물이 핑 돌았어요. 그동안 사람들에게 했던 온갖 못된 짓이 떠올랐거든요. 하지만 후회해도 이미 늦었다는 걸 깨달았어요.

'그래! 내가 남산의 호랑이와 장교 밑에 사는 용을 해치우면 사람들이 나를 믿어 줄지 몰라.'

주처는 당장 칼을 들고 남산으로 뛰어갔어요. 누구보다 힘이 세고 강한 주처였기 때문에 호랑이를 죽이는 일은 그리 어렵지 않았어요. 하지만 장교 아래에 사는 용은 만만치 않았어요. 사흘 밤낮을 싸워 간신히 용까지 죽인 주처는 신이 나서 마을로 돌아왔어요.

"이것 보세요, 제가 세상에 해가 되는 것들을 모두 없앴어요!"

주처가 사람들 앞에서 당당히 외쳤어요.

"참나, 그러면 뭐하나? 아직 하나 남았는걸."

사람들은 주처가 다시 돌아온 것조차 싫어했어요. 주처는 자신의 잘못만큼 마을 사람들의 미움도 크다는 것을 알고 그날 밤 마을을 떠나기로 결심했어요. 그리고는 유명한 학자를 찾아가 자신의 고민을 이야기했어요.

"사람들이 자네 말을 안 믿어 준다고 고민할 필요 없네. 지난 잘못을 뉘우치고 착하게 산다면 분명히 새롭게 태어날 수 있을 거야."

이 말에 용기를 얻은 주처는 착하게 살며 십 년 넘게 열심히 공부하여 훌륭한 학자가 되었어요.

이렇듯 '개과천선'은 지난 잘못을 뉘우치고 허물을 고쳐 착하게 되었다는 뜻으로 주처의 이야기에서 유래되었답니다.

改過遷善
고칠 개   잘못 과   옮길 천   착할 선

지난 잘못(過)을 고쳐(改) 착하게(善) 바꾸다(遷)
지난날의 잘못을 뉘우치고 착한 사람이 되었다는 뜻이에요. 쉽지 않겠지만 주처처럼 자신의 잘못을 인정하고 진심으로 반성할 줄 아는 사람이 되도록 노력해 보세요.

- 놀부도 개과천선해서 착하게 살았으면 얼마나 좋아?
- 이제는 욕도 안 하고 싸움도 안 한다고? 너 개과천선했구나!
- 거짓말하는 버릇을 개과천선하지 않으면 사람들이 앞으로 너를 믿지 않을 거야.
- 스크루지 영감은 그 이후로 개과천선하여 어려운 이웃을 도와주는 착한 사람이 되었답니다.

비 **개과자신**(改過自新: 改 고칠 개, 過 잘못 과, 自 스스로 자, 新 새 신)
잘못을 고치고 스스로 새로운 사람이 되었다는 뜻이에요. 잘못을 인정하는 것이 말처럼 쉬운 일은 아니랍니다. 그러니 주변에 자신의 잘못을 고치려고 노력하는 친구가 있다면 용기를 낼 수 있도록 응원해 주세요.

반 **자과부지**(自過不知: 自 자기 자, 過 잘못 과, 不 아닐 부, 知 알 지)
자신의 잘못을 알지 못한다는 뜻의 성어예요. 자기가 무엇을 잘못했는지조차 깨닫지 못하고 있으니 개과천선과는 정반대의 의미라고 할 수 있어요. "자과부지한 모습을 보니 개과천선하려면 아직도 멀었구나!" 좀 어려운 말이지만 무슨 뜻인지 이해할 수 있겠죠?

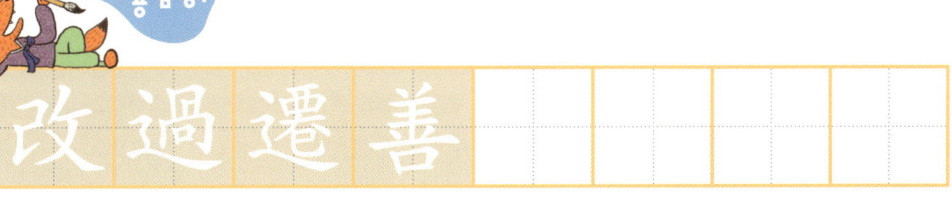

교狡토兔삼三굴窟

맹상군의 첫 번째 굴

오늘도 맹상군의 집에는 수많은 사람이 모여들었어요. 높은 벼슬을 지내는 재상의 집이다 보니 하는 일 없이 드나들며 얹혀사는 사람만 해도 삼천 명이 넘었어요.

'이 사람들을 먹이려면 돈이 필요하니 그동안 받지 못한 설읍 땅의 빚을 받아와야겠군.'

설읍은 나라에서 맹상군에게 준 땅이기 때문에 설읍 사람들은 맹상군에게 땅을 사용한 값을 내야 했지요.

맹상군이 빚을 받아 올 사람을 찾는데, 풍훤이라는 사람이 자신이 직접 다녀오겠다면서 나섰어요. 맹상군은 썩 마음에 들지 않았지만, 마땅히 나서는 사람이 없어 풍훤을 보내기로 했어요.

풍훤은 설읍으로 떠나기 전 맹상군에게 물었어요.

"사람들에게 빚을 다 받으면 그 돈으로 무엇을 사 올까요?"

"글쎄, 딱히 필요한 것은 없고 자네가 보기에 우리 집에 없는 것을 생각해서 사 오게."

"예, 그럼 다녀오겠습니다."

풍훤은 맹상군의 애매한 답에 크게 신경 쓰지 않고

씩씩하게 길을 떠났어요.

　얼마 후, 풍훤은 설읍에 도착했어요. 풍훤은 빚을 진 사람들을 모두 불러 모았어요. 빚 문서를 들고 나온 사람들은 잔뜩 주눅이 들어 서로의 눈치만 살피고 있었어요.

　풍훤은 빚 문서를 일일이 확인하더니 사람들이 보는 앞에서 불태워 버렸어요. 설읍 사람들이 모두 어리둥절해 하자 풍훤이 말했어요.

　"맹상군께서 백성의 어려운 생활을 아시고 빚을 모두 없애 주겠다고 하셨습니다."

　사람들은 만세를 부르며 기뻐했어요. 그리고 맹상군의 은혜를 절대 잊지 않겠다고 다짐했어요.

　하지만 이 소식을 들은 맹상군은 단단히 화가 났어요.

　"내가 빚을 받아 오라고 했지 언제 빚을 없애 주라고 했나?"

"맹상군께서 집에 없는 것을 사 오라고 하시지 않았습니까? 제가 보기에 이 집에는 부족한 것이 없습니다. 다만 은혜와 의리가 부족해 보여 그것을 사 왔을 뿐입니다."

풍훤이 태연하게 말했어요. 맹상군은 기가 막혔지만 이미 엎질러진 물이니 어쩔 수 없었어요.

일 년 후, 맹상군은 새로운 왕에게 미움을 받아 재상의 자리에서 쫓겨 나게 되었어요. 실의에 찬 맹상군이 설읍 땅에 도착하자마자 설읍 사람들은 맹상군을 환호하며 맞이해 주었어요. 맹상군은 그제야 풍훤이 한 말의 뜻을 알게 되었어요.

"풍훤, 자네가 사 왔다는 은혜와 의리가 바로 이것이었군."

맹상군이 크게 감동하여 풍훤의 손을 꼭 잡으며 말했어요.

"꾀 있는 토끼는 훗날을 위해 굴을 세 개씩 파 놓는다고 합니다. 그래야 살아남을 수 있으니까요. 이것은 맹상군을 위해 준비한 첫 번째 굴에 불과합니다. 앞으로 두 개의 굴을 더 만들어 드리겠으니 저를 믿어 주십시오."

맹상군은 풍훤의 말대로 그에게 많은 일을 믿고 맡겼어요. 덕분에 재상의 자리에도 다시 오르게 되었죠.

'교토삼굴'은 이 이야기 속 풍훤의 말처럼, 꾀 있는 토끼가 세 개의 굴을 파 놓듯 어려운 일에 미리 대비하는 자세를 뜻한답니다.

狡 兔 三 窟

교활할 교   토끼 토   셋 삼   굴 굴

고활한㉛ 토끼㉜는 세㉷ 개의 숨을 굴㉷을 파놓는다

지혜롭게 준비하여 어려운 일을 면한다는 뜻이에요. 지혜로운 사람은 미래를 위해 차근차근 준비를 해 두지요. 친구들은 미래를 위해 지금 무엇을 준비하고 있나요?

- 위기에 미리 대처하는 교토삼굴의 지혜를 가져야 해.
- 새로운 해결책을 찾기 위한 교토삼굴의 전략이 필요해.
- 꿈을 위해 차근차근 준비하는 교토삼굴의 자세가 필요해.
- 산에 갈 때는 교토삼굴의 자세로 여러 안전 장비를 갖추는 게 좋아.
- 해외 여행을 다닐 때 안전하게 돈을 지키려면 교토삼굴처럼 여러 곳에 나누어 보관하는 게 좋아.

비 **유비무환**(有備無患: 有 있을 유, 備 갖출 비, 無 없을 무, 患 근심 환)
미리 준비가 되어 있으면 걱정할 일이 없다는 뜻이에요. 중국 진나라의 위강이라는 사람은 "편안할 때 위기를 생각해야 한다. 그러면 그것을 대비할 것이고, 대비를 하면 근심이 사라질 것이다."라고 말했다고 해요. 진나라는 이 생각을 가진 위강 덕분에 천하를 통일하였어요.

속 **가꿀 나무는 밑동을 높이 자른다**
밑동은 나무줄기에서 뿌리에 가까운 부분을 말해요. 이 밑동을 짧게 자르면 가지가 뻗을 곳이 없어 잘 자라지 못하고 더러는 죽게 된다고 합니다. 크게 키울 나무라면 어릴 때부터 미리 밑동을 높게 잘라 두어야 아름드리나무로 크게 키울 수 있어요. 즉 어떠한 일을 이루고자 계획했다면 미리부터 철저하게 준비해야 한다는 뜻이랍니다.

교토삼굴

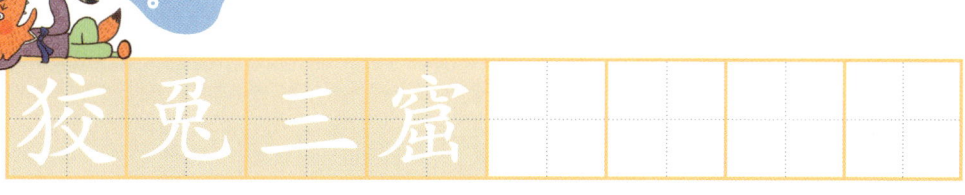

狡兔三窟

완 完 벽 璧

옥구슬을 온전하게 지키다

"큰일이로구나. 진나라에 화씨벽을 줄 수도 없고, 안 줄 수도 없고."

진나라의 사신이 다녀간 후, 조나라 왕의 얼굴빛이 그 어느 때보다 어두워졌어요. 화씨벽은 옛날부터 조나라에 내려오는 아주 희귀한 옥구슬인데 많은 사람이 서로 가지려고 탐을 냈어요. 진나라 왕 역시 열다섯 개의 성과 이 화씨벽을 맞바꾸자고 제안을 했지요. 하지만 그것은 힘이 센 진나라 왕이 화씨벽만 홀랑 빼앗아 가려는 뻔한 속셈이라는 것을 누구나 다 알고 있었어요.

"아무래도 나라의 안전이 우선이니 화씨벽을 진나라에 보내야 할 것 같소."

조나라 왕이 무거운 마음으로 입을 열었어요.

"그렇다면 그 일을 저에게 맡겨 주십시오. 제가 화씨벽을 주고 성을 받아 오겠습니다. 만약 진나라에서 약속을 지키지 않으면 다시 화씨벽을 안전하게 가져오겠습니다."

인상여라는 사람이 자신 있게 나서며 말했어요. 결국, 조나라 왕은 인상여를 믿고 진나라에 화씨벽을 보내기로 결정했어요.

인상여는 화씨벽을 들고 당당하게 진나라 왕에게 나아갔어요.

"과연 세상에 둘도 없는 보물이구나! 다른 옥과는 비교도 안 되게 훌륭하군."

진나라 왕은 후궁과 신하들에게 화씨벽을 돌려 보게 했어요. 하지만 화씨벽을 받고도 열다섯 개의 성을 주겠다는 말은 없었어요. 인상여가 약속을 지켜 달라고 재촉했지만, 진나라 왕은 애써 모른 척 화씨벽만 감상했지요.

한참을 기다리던 인상여가 한 가지 꾀를 내서 말했어요.

"혹시 그 화씨벽에 작은 흠이 하나 있는데 보셨는지요?"

"아니, 이렇게 아름다운 보석에 흠이 있다고? 아무리 봐도 난 모르겠는데. 어디 있단 말인가?"

궁금하게 여긴 진나라 왕이 인상여에게 화씨벽을 건네며 물었어요. 순간, 인상여는 잽싸게 화씨벽을 낚아챘어요. 그리고는 기둥에 대고 화씨벽을 높이 치켜들었어요.

"진나라 왕께서는 어찌하여 약속을 지키지 않으십니까? 열다섯 개의 성을 주겠다는 약속을 지키지 않으신다면 이 화씨벽을 기둥에 던져서 깨버리겠습니다."

인상여가 잔뜩 화가 난 목소리로 말했어요. 왕은 귀한 화씨벽이 깨져 버릴까 덜컥 겁이 났어요.

"내가 잘못했네. 약속은 지켜야지, 아무렴. 그러니 그 화씨벽은 그만 내려놓게."

진나라 왕이 잔뜩 화가 난 인상여를 살살 달랬어요.

"그렇다면 일단 약속을 지킬 때까지 제가 가지고 있겠습니다."

인상여는 화씨벽을 들고 숙소로 돌아왔어요.

'아무래도 진나라 왕은 약속을 지킬 마음이 없군.'

인상여는 진나라 왕이 이번에도 거짓말을 하고 있다는 것을 알았어요. 그날 밤, 인상여는 종을 시켜 화씨벽을 몰래 조나라로 돌려보냈어요. 결국, 화씨벽은 어디 하나 깨진 곳 없이 온전한 모습으로 다시 조나라로 되돌아갈 수 있었답니다.

이때부터 온전한 구슬이라는 뜻의 '완벽'은 흠 없이 완전하게 일을 해냈을 때 사용하는 말이 되었어요.

完璧

완전할 완 옥구슬 벽

흠이 없는 완전한 完 옥구슬 璧

아무 흠이 없이 완전히 뛰어난 것을 뜻해요. 무슨 일이든 처음부터 완벽할 수는 없겠지요? 꾸준히 노력하고 연습하면 흠이 없는 완벽한 결과가 뒤따라온답니다.

이렇게 사용하면 일취월장!

- 저 친구는 뭐든지 잘하려고 하는 완벽주의자야.
- 아빠가 고장 난 자전거를 새것처럼 완벽하게 고쳐 주셨지.
- 여행 준비물을 완벽하게 갖추었으니 이제 걱정 없이 출발!
- 불타버린 숭례문을 완벽하게 복원하는 일은 쉬운 일이 아니야.

이것까지 알면 금상첨화!

비 (비슷해요) **완전무결**(完全無缺: 完 완전할 완, 全 온전할 전, 無 없을 무, 缺 이지러질 결)
충분히 갖추어져 있어 흠이나 부족함이 없는 것을 뜻해요. "그 문제는 내가 완전무결하게 해결했다."라고 사용할 수 있어요.

참 (참고자료) **화씨지벽**(和氏之璧: 和 화할 화, 氏 성 씨, 之 어조사 지, 璧 옥구슬 벽)
화씨의 옥구슬이라는 뜻으로 세상에서 제일 귀한 옥을 이르는 말이기도 하고, 어떤 어려움도 견뎌 내고 자기 뜻을 이루었을 때 사용하는 고사성어이기도 해요. 중국 초나라에 화씨 성을 가진 사람이 있었는데 귀한 돌을 발견하고는 그 돌을 왕에게 바쳤어요. 하지만 쓸모없는 돌을 바쳤다고 다리가 잘리는 벌을 받았지요. 화씨는 사람들이 보배로운 옥을 알아보지 못하고 거짓말쟁이라 생각하는 것이 억울하여 사흘 밤낮으로 울었어요. 사연을 들은 새로운 왕은 화씨의 말을 믿어 보기로 하고 돌을 갈고닦게 하였고, 결국 세상에서 제일 진귀한 옥구슬이 되었지요. 그리고 이 옥구슬의 이름을 화씨의 옥구슬, 즉 '화씨지벽', '화씨벽'이라고 부르게 했답니다.

일_거擧양兩득得

한꺼번에 호랑이 두 마리를 잡다

"호랑이가 나타났다."

며칠 전까지 조용하기만 했던 산골 마을이 발칵 뒤집혔어요. 집채만 한 호랑이 두 마리가 나타나 가축들을 잡아가기 시작했거든요.

"무슨 수를 써야지, 이대로 있으면 사람도 무사하지 못할 게야."

마을 사람들은 궁리 끝에 용맹하고 힘이 세기로 이름난 장사, 변장자를 부르기로 했어요.

"걱정하지 마시오. 그까짓 호랑이쯤이야 내 금방이라도 때려잡아 주리다."

변장자는 의기양양한 목소리로 자신 있게 말했어요.

다음 날, 어김없이 호랑이 두 마리가 마을에 나타나 소를 물고 달아났다는 소문이 퍼졌어요.

변장자는 당장 칼과 활을 챙겨 들고 호랑이의 뒤를 밟았어요. 여관에서 일하는 아이도 변장자의 뒤를 따라나섰어요. 호랑이를 때려잡는 모습을 두 눈으로 직접 보고 싶었거든요.

변장자와 아이는 한참 동안 산속을 뒤지고 다녔어요. 그때, 멀지 않은 곳에서 호랑이의 으르렁거리는 소리가 들렸어요. 변장자는 침착하게 호랑이 곁으로 살금살금 다가갔어요.

변장자가 드디어 호랑이를 향해 활을 겨누는 순간, 여관집 아이가 변장자의 옷자락을 획 잡아끌었어요.

"무슨 짓이냐?"

변장자가 험악한 인상으로 아이를 꾸짖었어요.

"잠시만 기다려 보세요. 지금 호랑이 두 마리가 서로 소를 차지하려고 싸우고 있지 않습니까!"

"그래서? 호랑이 싸움을 구경하자는 것이냐?"

변장자가 어이없어하자 아이가 작은 목소리로 소곤거렸어요.

"아니요. 두 마리가 싸우면 어느 한 놈은 죽지 않겠습니까? 또 이긴 놈이라고 해도 크게 다쳤을 테고요. 그때를 기다렸다가 한 번에 두 마리를 잡자는 것이지요."

"옳거니!"

변장자는 아이의 말에 무릎을 탁 쳤어요.

둘은 호랑이 싸움을 숨죽여 지켜봤어요. 마침내 호랑이 중 한 마리가 피를 흘리며 쓰러지고 다른 한 마리도 큰 상처를 입어 숨을 헐떡거렸어요.

"이때다!"

변장자는 활을 쏘고 칼을 휘두르며 호랑이에게 뛰어들었어요. 지친 호랑이는 몇 번 저항해 보지도 못한 채 금방 풀썩 쓰러졌어요.

"하하! 호랑이 두 마리 잡는 것도 식은 죽 먹기로구나!"

변장자는 호탕하게 웃으며 두 마리 호랑이를 양어깨에 짊어지고 마을로 내려왔어요.

이때부터 사람들은 이 일처럼 한 가지 일로 두 가지 이익을 얻었을 때 '일거양득'이라는 표현을 사용하기 시작했답니다.

一擧兩得
하나 일 들 거 둘 량 얻을 득

한一 번 들어서擧 두兩 가지를 얻다得

한 가지 일을 하여 두 가지 이익을 얻는다는 뜻이에요. 무슨 일을 할 때 급하게 하기보다 차분하게 깊이 생각하고 행동해 보세요. 한 번의 일로 두 가지의 행운을 가질 기회가 더 많이 오지 않을까요?

이렇게 사용하면 일취월장!

- 줄넘기를 하면 살도 빠지고 키도 큰다니 일거양득이잖아.
- 분리수거는 쓰레기도 줄이고 환경 보호도 할 수 있어 일거양득이지.
- 이 책을 읽으면 고사성어도 알고 우리나라 속담도 많이 알 수 있으니 일거양득이야.
- 두 후보가 서로 싸우자 나머지 후보가 인기도 올라가고 당선도 되는 일거양득을 거두었어.

이것까지 알면 금상첨화!

비 (비슷해요) **일석이조**(一石二鳥: 一 하나 일, 石 돌 석, 二 둘 이, 鳥 새 조)
한 개의 돌로 두 마리의 새를 맞추어 떨어뜨린다는 뜻이에요. 결국, 한 가지 일을 해서 두 가지 이익을 얻는다는 말이니 일거양득과 뜻이 같죠.

반 (반대예요) **일거양실**(一擧兩失: 一 하나 일, 擧 들 거, 兩 둘 량, 失 잃을 실)
한 가지 일을 하여 다른 두 가지 일을 잃어버린다는 뜻이에요.

속 (같은 속담) **꿩 먹고 알 먹는다**
예전에는 닭고기 대신 꿩고기를 즐겨 먹었어요. 꿩고기를 먹다가 그 안에 든 알도 덩달아 먹게 될 때처럼 한 가지 일을 하여 여러 이익을 보게 될 때 쓰는 속담이에요. 비슷한 속담으로 '누이 좋고 매부 좋고', '도랑 치고 가재 잡기'라는 속담도 있답니다.

一擧兩得

환換골骨탈奪태胎

신선으로 거듭 태어난 왕자

교 왕자의 한마디에 영왕의 얼굴이 굳어졌어요. 서로 왈가왈부하던 신하들도 할 말을 잃고 교 왕자를 바라봤어요.

"네가 지금 무엇이라고 했느냐?"

"아버님의 생각이 틀렸다고 했습니다."

"뭣이라? 내가 틀렸다고?"

영왕이 자리에서 벌떡 일어나자 의자가 뒤로 나자빠졌어요. 대전 안은 쿵 하는 울림만 맴돌았어요. 대전 안에 있던 신하들도 얼음이 된 듯 숨조차 제대로 쉬지 못했어요.

하지만 교 왕자만은 당당하게 자기 할 말을 다했어요.

"누가 봐도 이것은 백성을 위하는 방법이 아닌데 왜 아버님의 생각만 고집하십니까? 임금은 백성을 먼저 생각해야 합니다."

"네 이놈! 감히 네가 임금을 가르치려고 하느냐? 여봐라! 지금 당장 저 녀석을 궁에서 내쫓아 버려라! 이제부터는 왕자도 아니다!"

명령을 내린 영왕은 뒤도 돌아보지 않고 나가버렸어요. 신하들이 어리둥절해 있는 사이, 군사들이 교 왕자를 죄인처럼 묶어 궁궐에서 쫓아냈어요. 교 왕자는 하루아침에 가난하고 볼품없는 평범한 백성이 되었어요.

쫓겨난 교 왕자는 아무도 없는 깊은 산속을 지나 조용한 강가에 이르렀어요.

"이런 곳에 배가 있네?"

교 왕자는 허름한 배를 타고 혼자 노를 저어 봤어요. 그런데 그때, 저 멀리서 화려한 꽃으로 장식한 배가 다가오고 있었어요. 가만히 지켜보니 일곱 명의 노인이 여유로운 표정으로 술잔을 돌리며 뱃놀이를 즐기고 있었어요.

"젊은이, 이리로 오겠나?"

배가 가까워지자 한 노인이 교 왕자를 불렀어요.

"자, 술이나 한 잔 따라 보게."

교 왕자가 노인에게 술병을 받아 술을 따랐어요. 하지만 아무리 병

을 기울여도 술은 한 방울도 나오지 않았어요.

"이런, 술도 하나 못 따르는군. 허허허!"

노인은 술병을 받아 직접 따랐어요. 그러자 이번에는 병에서 술이 끝없이 흘러나왔어요. 교 왕자는 귀신에 홀린 듯 어리둥절했어요.

"이건 우리 같은 신선들만 마시는 특별한 술이라네. 한 모금만 마셔도 뼈가 바뀌고 사람 몸의 태를 벗어 신선이 되게 하지. 어때, 한 잔 하겠나?"

노인은 왕자에게도 술을 권했어요. 잠시 망설이던 교 왕자는 이내 술을 받아 마시고 노인과 같이 신선이 되었어요.

'환골탈태'는 뼈가 바뀌고 사람 몸의 태가 바뀌는 것처럼 완전히 새로운 모습으로 변하는 것을 이르는 말이랍니다.

換骨奪胎

바꿀 환   뼈 골   벗을 탈   태 태

뼈骨를 바꾸고換 태胎를 벗다奪

몸과 얼굴이 몰라볼 정도로 아름답게 변하거나, 시나 문장이 다른 사람의 손을 거쳐 완전히 새로워졌을 때 사용해요. 진정한 환골탈태는 뼛속부터 바뀌듯 내면부터 아름다워지는 것이겠죠?

- 그래, 환골탈태의 각오로 다시 시작하는 거야!
- 오랫동안 공터였던 이곳이 멋진 녹색 쉼터로 환골탈태했어.
- 엄마 손을 거치면 재활용품도 예쁜 물건으로 환골탈태가 돼.
- 유능한 새 감독님이 오셨으니 매번 꼴찌를 도맡았던 우리 팀도 환골탈태할 거야.
- 어릴 적 개구쟁이 모습은 어디로 사라지고 이렇게 어엿한 숙녀로 환골탈태하다니!

비 **변신**(變身: 變 변할 변, 身 몸 신)
몸의 모양이나 태도를 바꾼다는 뜻이에요. 환골탈태와 비슷한 뜻이라 한 문장 안에서 함께 사용할 수도 있어요. "아름다운 공주로 변신한 피오나 공주의 환골탈태!"

참 **환골탈태의 또 다른 유래**
환골탈태는 중국을 대표하는 시인인 황정견의 말에서 유래하기도 했어요. 황정견은 시를 지을 때 의미는 바꾸지 않고 말을 바꾸어 표현하는 것을 '환골법', 뜻을 다르게 나타내는 것을 '탈태법'이라고 했지요. 즉 환골탈태를 시를 짓는 한 방법으로 말한 거예요. 때문에 환골탈태에는 시나 문장을 고쳐 완전히 새롭게 되었다는 의미도 있답니다.

換骨奪胎

부록

* 고사성어 카드 게임 활용법
* 고사성어 게임 보드
* 고사성어 카드
* 어휘력 잡는 한자 성어

기똥차게 재밌는 고사성어 카드 게임 활용법

 **게임1 빨리 빨리, 스피드 게임**

1. 두 사람씩 짝을 이루어 한 팀을 만들어요.
   이때 고사성어 카드를 넘겨주고, 통과를 외쳐 줄 심판도 필요해요.
2. 한 사람은 심판이 든 고사성어 카드를 보고 성어를 설명을 하고 다른 한 사람은
   설명을 듣고 성어를 맞춥니다. 참! 성어를 온몸으로 설명하는 방법도 재미있는 팁!
3. 3분 안에 가장 많은 성어를 맞히는 팀이 고사성어 최강팀!

 **게임2 꿀꺽 꿀꺽, 카드 따먹기 게임**

1. 고사성어 카드를 한자가 보이게 깔아 주세요.
2. 게임에 참여하는 사람끼리 가위 바위 보를 합니다.
3. 이긴 사람은 바닥에 깔려 있는 카드를 선택할 수 있어요.
4. 선택한 고사성어를 바르게 읽으면 고사성어 카드 획득 성공!
5. 바닥에 깔린 고사성어를 가장 많이 획득한 사람이 고사성어 박사!

 **게임3 주슈 주슈, 카드 내놔 게임**
(옆페이지에 게임 보드가 준비되어 있어요.)

1. 두 사람이 고사성어 카드를 똑같이 나눕니다.
2. 게임 보드에 말을 올려놓고 준비가 되었다면 가위 바위 보!
3. 말은 바위로 이기면 1칸, 가위는 2칸, 보는 3칸을 이동할 수 있어요.
4. 진 사람은 자신의 카드 중 하나를 말이 놓인 칸의 미션으로 제시합니다.
5. 미션을 통과하면 진 사람의 고사성어 카드는 이긴 사람의 것이 된다는 사실!
6. 상대방의 고사성어 카드를 다 획득했다면 당신은 게임의 위너!
   또 가장 빨리 도착해도 고사성어 박사!

고사성어 카드

大器晚成

磨斧作針

愚公移山

대기만성

大 큰대 器 그릇기 晩 늦을만 成 이룰성

큰 그릇은 늦게 이루어진다는 뜻으로,
크게 될 사람은 늦게라도 성공한다는 말

마부작침

磨 갈마 斧 도끼부 作 만들작 針 바늘침

도끼를 갈아 바늘을 만든다는 뜻으로,
끊임없이 노력하면 성공을 거둘 수 있다는 말

우공이산

愚 어리석을우 公 어른공 移 옮길이 山 산산

우공이 산을 옮긴다는 뜻으로, 어리석어 보이는 일일지라도
끊임없이 노력하면 마침내 큰일을 이룰 수 있다는 말

螢雪之功

畫龍點睛

群鷄一鶴

형설지공

螢 반딧불이 형   雪 눈 설   之 어조사 지   功 공 공

반딧불과 눈빛으로 공부하여 이룬 공이란 뜻으로,
어려움을 이겨 내고 공부하여 얻는 보람을 이르는 말

화룡점정

畫 그림 화   龍 용 룡   點 점 점   睛 눈동자 정

용 그림을 그린 뒤 눈동자에 점을 찍는다는 뜻으로,
어떤 일을 할 때 가장 중요한 부분을 끝내고 완성한다는 말

군계일학

群 무리 군   鷄 닭 계   一 하나 일   鶴 학 학

닭의 무리 중에 있는 한 마리 학이란 뜻으로,
많은 사람 가운데 가장 뛰어난 사람을 이르는 말

囊中之錐

百聞不如一見

白眉

낭중지추

囊 주머니 낭　中 가운데 중　之 어조사 지　錐 송곳 추

주머니 속의 송곳이란 뜻으로,
재주가 뛰어난 사람은 저절로 드러난다는 말

백문불여일견

百 일백 백　聞 들을 문　不 아닐 불　如 같을 여　一 하나 일　見 볼 견

백번 듣는 것이 한 번 보는 것만 못하다는 뜻으로,
실제로 경험해 보아야 확실히 알 수 있다는 말

백미

白 흰 백　眉 눈썹 미

흰 눈썹이란 뜻으로,
여럿 중에서 가장 뛰어난 사람이나 물건을 이르는 말

三顧草廬

座右銘

千里眼

삼고초려

三 셋 삼 顧 돌아볼 고 草 풀 초 廬 오두막집 려

오두막집을 세 번이나 돌아보다라는 뜻으로,
뛰어난 인재를 얻으려면 참을성 있게 정성을 다해야 한다는 말

좌우명

座 자리 좌 右 오른쪽 우 銘 새길 명

자리 오른쪽에 두고 마음에 새기던 술독이란 뜻으로,
늘 가까이 두고 스스로 경계하거나 가르침으로 삼는 말

천리안

千 일천 천 里 거리 리 眼 눈 안

천 리를 보는 눈이란 뜻으로,
먼 데서 일어난 일까지 꿰뚫어 보는 능력을 이르는 말

結草報恩

管鮑之交

斷腸

결초보은

結 맺을 결　草 풀 초　報 갚을 보　恩 은혜 은

풀을 묶어 은혜를 갚다라는 뜻으로,
죽어서도 은혜를 잊지 않고 갚는다는 말

관포지교

管 피리 관　鮑 절인 물고기 포　之 어조사 지　交 사귈 교

관중과 포숙아의 사귐이란 뜻으로,
관중과 포숙아처럼 변하지 않는 친구 사이의 두터운 우정을 이르는 말

단장

斷 끊어질 단　腸 창자 장

창자가 끊어지다라는 뜻으로,
창자가 끊어질 정도로 가슴 아픈 이별을 이르는 말

桃園結義

孟母三遷

知音

도원결의
桃 복숭아 도 園 동산 원 結 맺을 결 義 옳을 의

복숭아 동산에서 맺은 의로운 약속이란 뜻으로,
뜻이 맞는 사람끼리 함께 일을 추진할 때를 비유하는 말

맹모삼천
孟 맏이 맹 母 어머니 모 三 셋 삼 遷 옮길 천

맹자의 어머니가 세 번 집을 옮기다라는 뜻으로,
자식을 올바르게 키우기 위해서는 그만큼 환경이 중요하다는 말

지음
知 알 지 音 소리 음

소리를 알아듣다라는 뜻으로,
말하지 않아도 속마음을 알아주는 친구를 이르는 말

刻舟求劍

杞憂

矛盾

각주구검
刻 새길 각　舟 배 주　求 구할 구　劍 칼 검

배에 표시를 새겨 칼을 구하다라는 뜻으로,
어리석고 미련하여 융통성이 없다는 말

기우
杞 나라 이름 기　憂 근심 우

기나라 사람의 근심이란 뜻으로,
쓸데없는 걱정과 안 해도 될 근심을 이르는 말

모순
矛 창 모　盾 방패 순

창과 방패라는 뜻으로,
앞뒤가 서로 맞지 않는 말이나 행동을 이르는 말

蛇足

塞翁之馬

漁父之利

사 족
蛇 뱀 사　足 발 족

뱀의 다리라는 뜻으로,
쓸데없는 짓을 해서 일을 망치는 경우를 이르는 말

새 옹 지 마
塞 변방 새　翁 늙은이 옹　之 어조사 지　馬 말 마

변방에 사는 늙은이의 말이란 뜻으로,
세상일의 좋고 나쁨을 미리 예측할 수 없다는 말

어 부 지 리
漁 고기 잡을 어　父 아버지 부　之 어조사 지　利 이로울 리

어부의 이득이라는 뜻으로,
두 사람이 서로 싸우다 엉뚱한 사람이 이익을 얻게 된다는 말

朝三暮四

改過遷善

狡兔三窟

조삼모사

朝 아침 조　三 셋 삼　暮 저녁 모　四 넷 사

아침에 세 개 저녁에 네 개라는 뜻으로, 눈앞에 보이는 차이만 알고
결과가 같은 것을 모르는 어리석은 상황을 비유하는 말

개과천선

改 고칠 개　過 잘못 과　遷 옮길 천　善 착할 선

지난 잘못을 고쳐 착하게 바뀌다라는 뜻으로,
지난날의 잘못을 뉘우치고 착한 사람이 되었다는 말

교토삼굴

狡 교활할 교　兎 토끼 토　三 셋 삼　窟 굴 굴

교활한 토끼는 숨을 세 개의 굴을 파놓는다라는 뜻으로,
지혜롭게 준비하여 어려운 일을 면한다는 말

完璧

一擧兩得

換骨奪胎

완벽

完 완전할 완　璧 옥구슬 벽

흠이 없는 완전한 옥구슬이란 뜻으로,
아무 흠이 없이 완전히 뛰어난 것을 이르는 말

일거양득

一 하나 일　擧 들 거　兩 둘 량　得 얻을 득

한 번 들어서 두 가지를 얻다라는 뜻으로,
한 가지 일을 하여 두 가지 이익을 얻음을 이르는 말

환골탈태

換 바꿀 환　骨 뼈 골　奪 벗을 탈　胎 태 태

뼈를 바꾸고 태를 벗다라는 뜻으로, 몸과 얼굴이 몰라볼 정도로
아름답게 변하거나 시나 문장이 완전히 새로워졌음을 이르는 말

어휘력 잡는 한자 성어

01	**고진감래** 苦盡甘來	괴로움이 다하면 달콤함이 온다는 뜻으로 고생 끝에 낙이 온다는 말
02	**구사일생** 九死一生	아홉 번 죽을 뻔하다 한 번 살아난다는 뜻으로 죽을 여러 고비를 넘기고 간신히 목숨을 건진다는 말
03	**과유불급** 過猶不及	정도가 지나친 것은 부족한 것보다 못하다는 말
04	**괄목상대** 刮目相對	눈을 비비고 다시 본다는 뜻으로 상대방의 학문이나 재주가 깜짝 놀랄 만큼 발전했음을 이르는 말
05	**근묵자흑** 近墨者黑	먹을 가까이하면 검어진다는 뜻으로 좋지 못한 사람과 가까이 지내면 나쁜 것에 물들게 된다는 말

06	**기사회생** 起死回生	거의 죽을 뻔했다가 다시 살아난다는 말
07	**기고만장** 氣高萬丈	기운이 만 길이나 뻗쳤다는 뜻으로 일이 잘되어 기세가 대단하다는 말
08	**노마지지** 老馬之智	늙은 말의 지혜라는 뜻으로 아무리 하찮은 것일지라도 저마다 장점이 있음을 이르는 말
09	**노익장** 老益壯	늙어서도 기운이 세어 젊은이 못지않다는 말
10	**다다익선** 多多益善	많으면 많을수록 더욱 좋다는 말

11	**다반사** 茶飯事	차를 마시고 밥을 먹는 일이라는 뜻으로 늘 있는 흔한 일을 이르는 말
12	**대동소이** 大同小異	큰 차이가 없이 거의 같고 조금 다르다는 말
13	**동병상련** 同病相憐	같은 병을 앓는 사람끼리 서로 가엾게 여긴다는 뜻으로 어려운 처지에 있는 사람끼리 서로 동정하고 공감한다는 말
14	**등용문** 登龍門	용문에 오른다는 뜻으로 출세의 관문을 이르는 말
15	**문전성시** 門前成市	문 앞이 시장을 이룬다는 뜻으로 권세가 있거나 부자가 되어 집 문 앞이 방문객으로 넘쳐 난다는 말

16	**배수진** 背水陣	물을 등지고 진을 친다는 뜻으로 물러설 곳이 없어 죽을 각오로 싸움에 임하는 모습을 비유하는 말
17	**백발백중** 百發百中	백 번 쏘아 백 번 맞춘다는 뜻으로 모든 일이 계획대로 들어맞는다는 말
18	**사면초가** 四面楚歌	동서남북 사방에서 들려오는 초나라의 노래라는 뜻으로 누구에게도 도움을 받을 수 없는 고립된 상태에 처했다는 말
19	**살신성인** 殺身成仁	자기 몸을 희생하여 어짊을 이룬다는 뜻으로 의로운 일을 위해 목숨을 버린다는 말
20	**설상가상** 雪上加霜	눈 위에 서리까지 더한다는 뜻으로 어려운 일이나 불행이 겹쳐서 한꺼번에 일어남을 이르는 말

한자 성어로 어휘력을 쑥~쑥~

절취선

21 **십시일반** 十匙一飯	열 숟가락씩 덜어 밥 한 그릇을 만들 수 있다는 뜻으로 여러 사람이 힘을 보태면 쉽게 일을 해낼 수 있다는 말
22 **아전인수** 我田引水	자기 논에 물 대기라는 뜻으로 자기의 이익만 먼저 생각하고 행동한다는 말
23 **역지사지** 易地思之	입장을 바꾸어 다른 사람의 처지에서 생각하라는 말
24 **용두사미** 龍頭蛇尾	용의 머리, 뱀의 꼬리라는 뜻으로 시작은 그럴듯하나 끝이 부진함을 이르는 말
25 **우이독경** 牛耳讀經	쇠귀에 경 읽기라는 뜻으로 아무리 가르치고 알려 주어도 도무지 알아듣지 못함을 이르는 말

26 **이심전심** 以心傳心	마음에서 마음으로 전한다는 뜻으로 마음과 마음이 통한다는 말
27 **이열치열** 以熱治熱	열은 열로써 다스린다는 뜻으로 강한 것은 강한 것으로 다스린다는 말
28 **일취월장** 日就月將	날로달로 나아가고 발전한다는 말
29 **자업자득** 自業自得	자기의 일은 자기가 받는다는 뜻으로 자신이 저지른 나쁜 행동이나 잘못이 결국 자기에게 되돌아온다는 말
30 **자초지종** 自初至終	처음부터 끝까지의 과정

31 **전전긍긍** 戰戰兢兢	몹시 두려워 벌벌 떨며 조심함
32 **죽마고우** 竹馬故友	죽마를 타고 놀던 친구라는 뜻으로 어려서부터 함께 자란 친구를 이르는 말
33 **천고마비** 天高馬肥	하늘은 높고 말은 살찌는 계절이라는 뜻으로 가을을 이르는 말
34 **청출어람** 靑出於藍	푸른색은 쪽빛에서 나왔지만 쪽빛보다 더 푸르다는 뜻으로 제자가 스승보다 나음을 비유하여 이르는 말
35 **촌철살인** 寸鐵殺人	한 치의 칼로 사람을 죽인다는 뜻으로 간단한 말로도 사람을 감동시킬 수 있음을 이르는 말

36 **타산지석** 他山之石	다른 산의 돌이라는 뜻으로 다른 사람의 실수도 나에게 교훈이 될 수 있음을 이르는 말
37 **토사구팽** 兎死狗烹	토끼가 죽으면 사냥개를 삶는다는 뜻으로 필요할 때 실컷 부려 먹다가 쓸모가 없어지면 헌신짝처럼 내버린다는 말
38 **파죽지세** 破竹之勢	대나무를 쪼개는 기세라는 뜻으로 적을 거침없이 물리치고 당당하게 쳐들어가는 기세를 이르는 말
39 **풍전등화** 風前燈火	바람 앞에 놓인 등불이라는 뜻으로 매우 위태로움을 이르는 말
40 **함흥차사** 咸興差使	심부름을 간 사람이 아무 소식이 없을 때 이르는 말